什麼時候
可以給孩子
買手機？
SCREENWISE

第一本 給E世代父母的
青少年網路社交教戰手冊

著——黛沃拉·海特納
DEVORAH HEITNER
譯——林金源

孩子，你的未來不是夢，我要站在你身邊

王智弘
（彰化師範大學輔導與諮商學系教授兼本土諮商心理學研究發展中心主任／台灣心理諮商資訊網主持人／世界本土諮商心理學推動聯盟主席／中華本土社會科學會理事長）

看完這本書，我心中響起了兩首歌。一是披頭四合唱團所唱的〈Stand by me〉（站在我身邊）；一是張雨生所唱的〈我的未來不是夢〉。

〈Stand by me〉的歌詞說：「When the night has come（當夜晚來臨的時候）And the land is dark（大地是一片漆黑）And the moon is the only light we'll see（而月亮是我們唯一所能見到的光線）No I won't be afraid, no I won't be afraid（但是我不害怕，我不害怕）Just as long as you stand, stand by me（只要你一直站在我身邊）And darling, darling, stand by me（所以親愛的，親愛的，請站在我身邊）Oh stand now（哦，現在請站在我身邊）

Stand by me, stand by me（請站在我身邊，站在我身邊）……」。

我想起小時候，父親到金門前線當兵。半夜裡母親肚子痛要去上廁所，當時我們住在宜蘭草嶺古道附近半山腰的小村落，村裡共用的廁所就位於屋外的豬圈旁。黑暗中，我擔心著廁所內的母親，母親擔心著廁所外的我，那時多麼希望身邊有個大人陪伴，特別是那時候我才三歲。

〈我的未來不是夢〉的歌詞說：「你是不是像我整天忙着追求，追求一種意想不到的溫柔，你是不是像我曾經茫然失措，一次一次徘徊在十字街頭（**在網路上我們都有追求，也都有迷惘**）因為我不在乎別人怎麼說，我從來沒有忘記過，對自己的承諾，對愛的執著（**網路上還是有我想追求的夢想，我想堅持的理想**），我知道我的未來不是夢，我認真的過每一分鐘，我的未來不是夢，我的心跟着希望在動……」

我研究網路成癮，我治療網路成癮，我發覺自己有時候也像是網路成癮。網路成癮用幾個字來形容，就是：「無法控制、功能失常」。如果可以控制、功能正常，沉迷在網路上瀏覽資料、觀賞影片、進行遊戲或與人互動，那麼都算不上是「網路成癮」，特別是其中有著生涯理想的追求與真實感情的交流時。

《什麼時候可以給孩子買手機》是一本好書，對掙扎於如何面對孩子有關電腦科技、3C產品與數位生活議題的家長來說，更是如此。我經常在演講時，被憂心忡忡的家長詢問到關於子女使用數位科技的議題，這本書中幾乎提供了絕大部分的解答，而且是合乎學理與現實的解答。

家長面對孩子使用科技產品時，確實需要擁有**好奇心**與**同理心**。好奇心使我們能接近與探索孩子使用科技的經驗，同理心使我們懂得去「接納」孩子使用科技的心情，接納使得我們有機會「陪伴」孩子使用科技的經驗，陪伴使得我們有機會去「理解」孩子使用科技的想法，理解使得我們有機會去「討論」孩子使用科技的策略，討論使得我們有機會去「督導」與「教育」他們對網路科技的使用。因此，**接納**、**陪伴**、**理解**、**討論**、**督導**與**教育**，正是一個家長學習親職教育的階梯。親職教育是從接納開始，當然，接納不見得要接受，同理不見得要同意，但接納與同理，是建立關係與溝通的起點。

本書作者強調，家長要做個有「螢幕智慧」的督導者，而不是限制者或放任者。這點並不容易，卻值得嘗試。所謂的螢幕智慧，不是強調使用科技的技術與知識，而是使用科技的素養，重要的是，如何透過使用科技與人建立良好的關係，也與科技建立一種良好的關係。這需要人生經驗的累積與生命智慧的判斷，而這正是孩子所缺少的，反而是經過生命經驗洗禮的家長所擅長的。如果孩子能透過科技與他人建立起互相信任與權力平衡的關係，那真是太好了；如果孩子能運用科技而將網路世界與真實世界達到平衡與統整的狀態，就更棒了！根據我們對大學生的研究，這樣的學生即使是網路的重度使用者，也不致於網路成癮，反而表現得更優秀，成為社會需要的科技世代人才。而那些無法與現實世界連結的學生，就很可能掉入網路成癮的陷阱。

可是，家長要成為孩子「螢幕智慧」的督導者，作者建議有幾件事必須去努力。其一，要了解孩子所面對的螢幕是什麼，先當一個「好奇者」，去了解孩子所接觸的數位科技；然後要當一個「同理者」，積極去面對孩子的數位世界，深入探索孩子的數位經驗，和孩子共同討論其所遭遇的數位議題，最後協助孩子解決問題。其次，家長要當一個示範者，除了言教，身教更為重要。家長使用手機與網路的行為就在孩子面前充分展現，要教育孩子之前，我們要先想想自己。我們很容易「嚴以律孩、寬以待己」，我們怎麼使用數位工具，將是孩子很重要的參考對象。特別是時間控制與財務管理，是我們與孩子討論數位科技的重要議題，也是家長們要以身作則的親職教育議題。

網路科技對孩子而言充滿了潛力，也充滿了危險。許多家長問我，何時應該給孩子買手機與上網？因為家長擔心孩子「輸在起跑點」。話是沒錯，但我同時也擔心孩子「失蹤在半路上」。關於數位科技的風險，我推薦家長參考《關掉螢幕，拯救青春期大腦》（木馬出版）一書，該書提出了數位科技可能帶來的風險，提醒了問題的嚴重性，家長不能毫無所悉的讓孩子隻身闖蕩網路世界。而您手上的這本書，則正好提供了解答，因噎廢食並不可取，但家長不能毫無對策。看過該書之後，您會發現，這本書提供的可行策略確實彌足珍貴。

在這個科技年代，如何讓使用網路的孩子不只是一個消費者，而可能成為創造者，以培養創造力與問題解決的能力？首先，家長必須一起來守護我們的孩子。我研究網路成癮防治與治療多年，曾不只一家電玩廠商邀請我協助遊戲的設計，我總覺得不宜而加以婉拒。倒是今年（二〇一九年）在台灣大學「兒少暨家庭研究中心」的邀請下，無償協助趨勢科技發展網路守護天使 2.0「PC-cillin 家長守護版」公益手機程式，並與教育部合作推廣到中小學使用。在我心中，一直秉持著一個清晰的理念，那就是：為了我們村子的未來，我們一定要共同照顧好我們的小孩。

目錄

獻給丹和哈洛德

引言

「家裡有個小六生，在她生活中的『科技感』讓我不知所措。我的女兒正在使用我完全不熟悉的線上工具和社群網站，我該怎麼為她的數位生活提供更多的指導？」

「我不知道現在小孩在學校裡到底花多少時間使用電腦或平板，要怎麼將螢幕時間限制在專家建議的每天一至兩小時？此外，孩子們回家也想放鬆一下，或許看個電視，接著又必須打開電腦寫作業。要限制他們的螢幕時間，似乎是不切實際的作法。」

「在我們小時候，電視節目到了某個時間便收播，你會被迫關掉電視。現在我發現自己無時無刻都在滑臉書，或者看那些愚蠢的線上影片。我的生活怎麼變成這樣？我們能不能採取一些作法奪回我們的日常經驗，並且幫助孩子做到這件事？」

當我主持為家長開設的「數位公民權工作坊」，我聽到許多家長團體都提出上述的焦慮。我們所養育的「數位原住民」是什麼樣貌？他們的世界與我們成長過程中所認識的世界，又有何不同？

關於數位時代如何教養小孩，專家的說法莫衷一是，談論這類議題時，很難不受到一些批判。多年來，我創立了「養育數位原住民」（Raising Digital Natives）機構，提供資源給家長與教育工作者，協助他們為孩子解決在處理資訊過程中所遭遇的困惑。

「數位原住民」一詞是由作家馬克・普倫斯基（Marc Prensky）於二〇〇一年發明，描述在數位科技環境包圍下而成長的孩童。這個世代習慣快速地接收資訊，喜歡平行處理和多功，偏好先看圖形再理解文字……他們仰賴立即性的滿足和繁頻的回饋而成長；他們喜歡遊戲勝過「認真」工作。[1] 沒有伴隨著數位工具成長的人，只是所謂的「數位移民」，而在數位工具下成長的族群則被稱作「數位原住民」，不過，這種「本質論」遭來某些批評。研究者指出，數位原住民也可能是數位「幼稚者」，他們可能對於所消費資訊的品質，或者資料的開採方式一無所知。[2]

本書是設計來協助家長們瞭解：對於一個成長於數位時代的孩子來說，環境是如何對他們造成時間管理和關係駕馭上的挑戰；以及，你我身為成年人，我們如何憑藉著生活經驗和智慧，為嫻熟科技的孩子們提供指引。因此，當我使用「數位原住民」一詞，我指的是**在成長時期創造、分享和消費數位內容的螢幕世代**。在這個內容隨點隨播、人人都是製造者的新世代，我們如何幫助孩子們培養「街頭智慧」？

我們不應將「科技嫻熟」誤認為是一種合宜的數位公民權，如果你因為你孩子似乎精通數位科技或線上平台，你就以為他們在這個領域暢行無阻，那麼你就錯了！就算他們能快速適應不停更新的程式和媒體，他們還是需要你的輔導。

螢幕世代擁有大量的機會彼此合作、創造或分享，這些事情不但比以往更容易，也獲得更多的報酬。儘管數位分水嶺仍然存在（即使在富裕國家，也不是所有孩童都有Wi-Fi或平板可用），但家長與教育工作者正絞盡腦汁，讓許許多多孩童能夠發揮隨著手機、平板、線上遊戲、應用程式及社群媒體而產生的強大力量。

在美國、加拿大、英國等國家，平板的市場逐漸飽和，甚至連幼兒都在使用。據Dubit Worldwide的最新研究，三到四歲的幼兒能自行選擇程式，而許多孩童五歲就開始自製影片和拍照。能製作與消費內容的孩子數量急遽增加，是一個很重要的改變——操作遙控器選擇節目或線上內容是一回事，能自行創造並分享內容，又是另一回事。

為什麼指導數位原住民安然度過不斷變化的科技世界是這麼重要？其中風險何在？

● **關係**。數位世界得處理越來越多的人際關係，這些「數位原住民」是深諳此道或毫無頭緒？透過數位互動來處理關係，必須奠基於良好的價值觀，而這是你能為他們塑造與教導的觀念。

● **名聲**。藉由每次貼文、推文和分享，數位原住民正在創造一個人物，甚至以自己的身分做實驗。這就像一場虛擬的高空走鋼索，極可能發生疏失。即使失足後僥倖存活下來，也可能身心俱疲，難以復原。

● **時間管理**。數位世界是漫無邊際的。孩子要正確地管理時間，比從前更加困難。如果他們缺乏指引，網路讓人難以自拔的分心陷阱，可能會奪走寶貴的童年時光。

這個世界的規則正在快速變化，孩子需要幫助，即使他們自己不覺得——或者**你**以為他們不需要。家長（和老師）必須確保孩子能夠擁有「螢幕智慧」，如果他們沒有學會這些技巧，從今往後將在這個環境中苦苦掙扎。

螢幕智慧與技巧或功能無關，也跟如何使用鍵盤或寫程式無涉，每個人只要有足夠的練習，都能學會應用程式和裝置等技術問題。真正的螢幕智慧就是「**關係**」，關於我們彼此所能擁有的連結，而這件事涉及信任與平衡。

一項由亞歷珊德拉．塞繆爾（Alexandra Samuel）進行的研究顯示，獲得家長督導的孩子，在數位世界比較不會出問題。[3] 我注意到，塞繆爾詳加說明的數位技巧與我自己每週和諸多家庭互動得到的結論呈現一致性。她所定義的核心技巧包括「彌補線上溝通缺乏的視覺線索」、「瞭解社交平台的規範與禮儀」，以及「平衡責任承擔與安全」。[4] 這些複雜而關鍵的技巧，甚至連成年人也還在學習。教孩子解讀訊息的言外之意、不過度反應、查證貼文背後的脈絡，以及在快步調世界中理解責任承擔、隱私與安全，都是費力費時的事。

架構、裝置和應用程式會持續改良演進，然而，你所促成的正向關係和價值觀的傳授，將為孩子帶來一輩子的幫助，即便最新最炫的程式不斷被遺忘或取代。

本書將幫助你找到與孩子對話的方法，成為一個督導者，並在他們面對連線生活挑戰時給予支持。也請你務必檢視自己與科技的關係，提醒自己：我是孩子最重要的螢幕智慧模範。

1 養育數位原住民

你是否感覺到，數位科技已經入侵你的家庭生活？不請自來的客人大喇喇坐上你家餐桌？你希望事情能回歸正軌？生活中的數位需求讓你不知所措，甚至想不起在智慧型手機出現之前，日子是怎麼過的？

就算那些在工作和生活中大量使用科技來管理生活的家長，有時也會擔心科技對家庭帶來的影響。他們渴望早前玩桌遊和娃娃屋的年代，那時事情似乎簡單多了。即便當時電視普遍存在於每個家庭，但相較下還算容易管理。

然而現在，家用電腦成為一種必需品。不過，電腦通常放在家中的核心場所，我們至少可以留意孩子在做些什麼。接下來，筆記型電腦增加了機動性，孩子（和青少年）能在我們看不到的地方使用，難以掌握。如今，許多孩子擁有智慧型手機，意味著他們隨時攜帶著網際網路（具備最好和最壞的用途）行事。

時至今日，許多學校提供學生平板或筆記型電腦在家或在校使用，半強迫家長將如此無所不在的科技納入整體的教養與家庭生活。即便某些在成長過程中擁有呼叫器和行動電話的家長，也發現社群媒體和遊戲模式已經為教養帶來新的挑戰。如何做好準備？讓我們快速環顧一下目前的家庭狀況，有一個大致的瞭解。

家庭科技

本書的論述完全著眼於一個重點：**讓家庭成為科技素養的源頭**。這並不表示你得成為一名科技奇才，完全掌握各種裝置和應用程式，但確實意味著，你必須有能力成為一個督導者，你要瞭解新科技的潛力及危險，理解在連線環境成長的社交與情感經驗，有能力與其他家長就這些議題進行誠實的對話。如此，你才能幫助你的家庭，而其他家長也能從中受益。

在數位時代要達到平衡的生活，有時必須努力使家庭生活掙脫分心的魔爪。在我家，我是最容易分心的那個人（我想不少家長會發現自己也是）。

我是「養育數位原住民」創辦人兼主任，這個機構專門為家長和學校提供資源。我們在社群媒體發表文章、回覆電郵、用部落格分享，以及處理其他例行事務，龐大的業務量讓這個工作變成一份全年無休的任務。無論你是經營一家公司，或像我一樣在大機構上班，家庭與工作的界限向來難以釐清。

身為家長，相較於我們父母親那一代，我們把更多時間花在跟同事和客戶打交道，即使是陪在孩子身邊的時刻。無論身處何處，我們都避不開工作，就算在大清早或深夜查看電子郵件，也會擾亂工作和家庭的界限。而且你得承認，比起準備點心、盯著孩子寫家庭作業、水槽裡的碗盤及柴米油鹽的權力鬥爭……應付電子郵件和推特感覺起來比較清爽從容。

當然，連線也可能有益於家庭生活，例如，我們得以輕鬆地與家庭成員保持連絡；但同時，科技也造成了隔離，有多少人符合科技研究者雪莉．特克（Sherry Turkle）所描述的「在一起孤獨」？[1]

同為家人，我們必須思考我們所分享的一切——不只是情感或事物，也包括彼此的關係。許多人將家庭相簿放上社群媒體，幾乎不再將照片列印出來，或以別的方式分享。我們應該貼出多少張孩子的照片？我們分享跟孩子有關的事物，是否關心過他們的感覺？該是對此感到好奇的時候了。

有些家長不斷分享孩子的照片和故事，卻沒有考慮到觀眾的觀感（切確地說，是全世界各式各樣的觀眾），以及，我們應該徵求孩子的許可（我是認真的。）下文中，我會探討徵求許可的方式，讓孩子能在社群媒體的參與上，建立起正確的心態。

現在的孩子會利用科技創造媒體，而不光是消費媒體。觀察他們所創造與分享的東西，可以作為一個有用的窗口，順利進入他們的文化和世界。好奇心能引導我們學習更多關於孩子的事、瞭解他們日常互動的歡樂和陷阱。同理心則能促使我們給予支持，當孩子犯了錯，協助他們學著彌補，從而讓他們變得更有韌性面對連線生活中永不間斷的挑戰。本書提供的策略將開發孩子和你自身的創造力，為數位生活的困境尋找解決方案。

教養議題

讓我們思考一下，在不間斷的數位連結下，教養工作是怎樣的境況。相較於伴隨電視、電話或許還有桌上型電腦成長的我們，我們的孩子無疑面臨了更多科技生活的抉擇。

當年我第一次在家裡用 Apple IIe 電腦打出大學申請書，才意識到文字處理的神奇之處（我的學校作業是在打字機上完成的），那時網際網路已經有點令人分心——我的娛樂生活中，一向只有朋友、小說或電視的誘惑。如今，當我們的孩子坐下來唸書，有太多事物會令他們分心，幾乎每個孩子都需要成人的協助和引導，才能克服誘人的事物，集中注意力完成作業。

孩子的社交世界也可能對你形成挑戰，你往往無法倚賴自身的經驗來指導他們，因為，首先，你對孩子的世界感到陌生；其二，他們的世界變化非常快速，你很難跟得上。

無論採取哪一種「螢幕時間」策略，我們還是會覺得被某些家長給批判了。每個家庭都有不同的作法：有些家長認為別家的大人太縱容孩子，有些家長則覺得別人的管教過於嚴格或過度憂慮。這些不一樣的成見或觀點，使得家長們很難開誠布公地對談，最後只能放棄這麼一項重要的資源。

我撰寫本書和主持家長教育計畫最大的目的之一，就是鼓勵家長坦誠討論養育數位原住民的樂趣和挑戰。我希望協助你開啟和孩子的對話，或許也能開啟與伴侶或另一個共同撫養／照顧者及社區家長的對話。就這點而言，我們並不孤單。我自己也養育一個數位原住民，我在這裡陪你一起想辦法解決問題。

我們越是能和生活圈裡的其他家長對話，越能做好準備去滿足孩童的需求。如果我們的討論來自開放的心胸和真正想幫忙的意圖，效果就更好了。如何輕鬆打開話匣子呢？你可以對其他家長說：「有時我真受不了這一大堆的科技產品，我該從哪裡開始訂規矩？你們都是怎麼做的？」這是邀請對話的絕佳方式。

另一個經常聽到的憂慮是，如果你跟不上別人家長的作法，你的孩子就會變成局外人。這種情況以兩種形式出現：知道什麼東西成為下一種科技潮流，以及科技產品的購置。一旦你孩子的某個同學擁有新裝置或應用程式，你那正在念三年級的小孩就會覺得他也「需要」。這或許讓你想起小時候想擁有一個酷炫便當盒或一雙名牌運動鞋的衝動。差別在於，採購智慧型手機、穿戴式裝置或平板電腦，是一項更重大的決定，它讓一整個世界向你的孩子敞開。你應該斟酌你的孩子是否已經做好準備。

如果你身處於「新玩意兒」具有普遍影響力的社區，抵制這些所謂的「潮流」會引來反彈，而且需要很大的決心。不過，即使在這類社區，還是有人舉辦較為節制（甚至沒有禮物）的生日派對，展現他們不會為了證明身分地位而幫孩子購買科技產品來充場面。找出這些人，坦誠和孩子談談，告訴他們，為什麼擁有這些酷炫的新玩意兒不符合你的價值觀。

這就是財務素養能發揮作用之處——你那念小學或國中的孩子或許不明白某些東西所費不貲，不過，如果他們能將物品的價格與零用錢或他們打工賺的錢做比較，就會瞭解為什麼你不打算花錢買下某樣東西。

購買某項科技裝置通常在家庭財力所及的範圍內，但它能做的事——連接電子郵件或瀏覽網路，並非家長希望孩子接觸到或沉迷其中的事。當孩子長大到某個年紀，要判斷是否購買或延遲購買這些科技裝置，都是件讓人頭痛的事。如果孩子的多數同儕都有手機，而且透過手機進行社交互動，那麼變通方案對你來說可能費事又費時（例如，你得請別的孩子將訊息傳到你的手機，讓你孩子可以參與）。

然而，如果你要買一支手機給孩子，也可能傷透腦筋，因為你原本預期這支手機是用來講電話的。承認吧，要教養一個成長在數位時代的國中生，非常耗費心力。

家長們經常與我分享的擔憂是，小孩子長得太快了！或許你不希望你的孩子在短時間內突然變成一個小大人。老實說，社群媒體和訊息流通，使得孩子暴露在多元的影響之下。另一方面，年幼（九至十歲）孩子傾向於在電腦和手機上做些「小孩子會做的事」，可能是跟著流行替洋娃娃穿衣和脫衣，或在洗手間拍攝馬桶的「事後」照。我們不應該指望一個九歲孩子會表現得很成熟，因此，當老師家長被這些行為所驚嚇，我會請他們想想孩子離線時的表現，是否也一樣不成熟——孩子畢竟是孩子，高科技無法改變這一點。

當你考慮採取作法來督導孩子的科技接觸，請專注於**示範深思熟慮的使用**、**創造不插電時機，以及教導孩子彌補錯誤的方法**。當孩子透過遊戲、群組或社群網站與同儕進行互動，身為家長，我們往往太過專注於預防壞事會發生，而忘了應該積極示範怎樣糾正問題。然而，問題總是不可避免，許多數位安全專家說，修補數位疏失就像設法將牙膏擠回牙膏管裡——熬過小孩學步的年頭，你大概也明白，牙膏不可能「回到管子裡」，但它確實需要清理！

孩子對家長使用 3C 的感覺

的確，教養數位小孩並不輕鬆。話說回來，數位新世界也衝擊到每個孩子的生活。我認為花時間去理解你孩子內心的想法是值得的。以下是五年級孩子列舉的「家長守則」，說出了他們對爸媽使用科技的感覺：

- 不要邊說話邊開車——我不喜歡回家時媽媽一直戴著耳機講電話，看也不看我一眼。
- 看電視不要開那麼大聲（和看到那麼晚），把我吵醒。
- 我討厭我媽在開車時叫我幫她傳簡訊。
- 不要在吃飯或社交時間講電話或傳簡訊。
- 不要沒有問過我的意見，就在臉書貼我的照片。
- 講電話時間限制在三十分鐘（「有時我媽跟阿姨連續講兩個小時的電話！」）
- 不要說「再五分鐘就好」，然後繼續聊上兩個小時的電話（或處理電子郵件）。

等孩子們越來越大，他們想佔用你的時間就會越短（當然他們還是需要你！）而且他們會越來越在意某些難堪的情況。七年級的女生對於媽媽和朋友聊天時講到「自拍」，或傳訊息用上「大笑」（LOL）或「馬上回來」（BRB）等網路用語感到難為情。

鑑於大量主持工作坊的經驗，以及我對八至十二歲孩子及青少年的實際諮商，以上觀點都是孩子內心的肺腑之言，他們可未必願意和師長分享！

家長會擔心……

我跟美國及世界各地許多國家的家長合作，知道他們非常擔心「孩子在手機或平板上不知道忙些什麼」，尤其每當一走進房間，總是看見他們八至十二歲的孩子和朋友們全都死死盯著螢幕。這些家長說：「我擔心孩子缺乏社交技巧。我擔心他們對遊戲上癮。我擔心他們使用雙螢幕和多功的程度使他們無法專注。我擔心他們會拍下、看到或收到猥褻照片，毀掉純真。我擔心他們變成網路霸凌者、遭到霸凌或被勒索……我不知道他們在網路上都在做些什麼，我很焦慮。」

以下是孩子沉迷數位裝置時，家長們最擔心的事。

我的孩子會不會喪失社交技巧？

我們都見過這種景象：孩子手上拿著手機或平板，低著頭全神貫注。你的孩子沉浸在遊戲或網路，整整一個小時（或更久）動也不動，完全神遊世外。如果試著讓他回神，他可能會對你大發雷霆。

家長害怕孩子對裝置上癮，擔心他們長大後變得關係疏離、孤單和不健康。換句話說，他們憂心孩子的社交技巧被裝置所掌控。而這正是孩子比從前更需要我們的原因，他們的世界已經複雜了許多，而科技是提醒我們去意識到孩子需要更多支持以學習社交的因素。

孩子是否受到適當監督？

現在的孩子長時間受到監督，很少有時間在外頭玩到路燈亮起。而家長往往積極管理子女的社交生活，直到無法再介入為止。進入國中的孩子，對家長密切涉入自己作息的習慣產生了抗拒，這個階段，我們應該讓孩子在更大程度上運用資源去解決衝突，順利通過難關。

從由家長安排玩伴到社交獨立（「給你手機，好好享受跟朋友傳訊息」）的轉變，對於一個四到八年級的孩子來說，是個充滿陷阱的陡峭跳欄，他們經歷這個轉變的時候正值青春期，面對了該時期帶來的種種變化。許多孩子並非慢慢建立起自己的社交生活，而是原本一直由家長規劃跟玩伴的約會，在沒有輔助和指導的情況下，驟然開始要管理自己的網路互動和社交生活。

好消息是，我們能幫助孩子學習必要的社交技巧。在我們過往的成長過程中，「自然的」社會化形式，是任由害羞或有社交挑戰的孩子關照自己，而如今，「所有的孩子都需要學習社交和關係的技巧」這個觀念，已經成為學校課程的重要部分，為社交困難的孩子提供了平等的環境。此外，科技也實際幫了不少忙。其實，即便是善於社交的多數孩子也需要一些協助，以便負責任地處理科技帶來的互動模式。

經歷這些轉變時，每個家庭都會遭遇不同的挑戰，但是我相信，家長們一定具備所需的技巧來引導孩子，幫助他們充分運用科技。裝置可能助長了某些負面行為，或使這些行為更容易被成年人看見，因為這些行為產生了過往世代所不曾存在的文獻資料。但是，我們可以教導孩子正向行為，讓他們懂得以健康的方式使用裝置，也讓科技對你們的生活帶來正面影響。

數位社交紛擾更嚴重？

許多家長觀察到，剛進入社交網絡的八至十二歲孩子和青少年出現了情緒起伏嚴重的現象。而且，這些孩子是否使用科技裝置或參與社群網路，能夠為此現象做出解釋。

「紛擾」通常出現於步入青春期的孩子身上，此時他們開始跟同儕比較，體驗到被排擠的感覺。有時問題更早出現在那些玩線上遊戲的孩子，不過那通常只是一般衝突，而非所謂的「紛擾」。雖說裝置本身不會造成情緒騷動，但確實會使情緒惡化。

某些年齡段和人格是造成紛擾的要素之一——你腦中可能甚至會冒出幾個到處引發紛擾的成年人同事或朋友。衝突與紛擾原本就是生活的一部分，如何處理才是重點。身為家長，你應查看孩子是否有助長和享受這種紛擾的跡象，或者能成功地對紛擾加以避免或忽視。如果你的孩子身處紛擾之中，你必須督導他保持良善、不操控別人；而如果這種紛擾使你的孩子孤立或苦惱，那麼你也必須主動協助他建立界限。

以下是數位時代社交紛擾的例子。

- 拿別人的手機來傳送惡毒、愚蠢或無聊的訊息。
- 分享尷尬或暗示性的照片。
- 傳播匿名謠言。
- 設法在朋友之間挑起爭端。
- 「天真地」指出某人取消追蹤你。
- 在匿名網站匿名詢問有關某人的事。
- 在社群網站留言引發衝突。

● 在群組訊息中影射某人「不應該待在群組」。

如果上述行為在你孩子生活中已然成為負面壓力的來源，你可能要考慮幫他轉換社群、團體或青少年群組。此外，斷線也是一個很好的選擇，「策略性離線」能緩和科技誘發的日常摩擦。儘管我們應該促進科技的正面運用，但這不表示你孩子必須永無休止處於科技環境。休息是好事，有助於我們修整重置生活，不光為了我們的孩子。

問問你的孩子，是否見過他朋友在群組訊息或社群網路上使壞。（這種事經常發生，對孩子的回答不用訝異。）重要的是，不要過度反應。本書將告訴你如何處理這類情況，並且該在何時尋求協助。

孩子無法理解什麼是「隱私」？

許多家長抱怨現在的孩子「沒有隱私感！」這句話的意思是，孩子對「隱私」的概念跟與我們不同。現在的孩子生活「公開」，在不同的公共概念下分享關於自己的資訊。我相信如果我們對這點抱持保守封閉的態度，我們會失去督導孩子的大好機會。反之，我們應該面對現實，幫助孩子妥善處理隱私的問題。

在現今社會，幼年人和成年人都處於強大的分享文化之中，我們不可能消滅「分享」這件事，而是要幫助孩子找出適當的界限。當然，不停分享一切存在著具體的危險，我們必須要讓孩子瞭解狀況，以思慮周全的方式分享。

孩子如何看待隱私？

孩子確實承認，當他們造訪社交網路時，是處於公開的狀態。實地考察青少年和八至十二歲孩子使用社交媒體的情況，讓我不斷證實了這件事。一般來說，孩子會這樣處理：他們會利用密碼來「創造」隱私，或用拐彎抹角的方式聊一些只有死黨才聽得懂的事情，如此一來就可以在公開聊天時保有隱私，至少符合他們所認為的「隱私」。然而，他們也不想當隱形人——他們希望同伴看到他們在線上——被遺忘或隱形讓他們深感憂慮。

我進行了一項以國中生為對象的調查，想了解他們對於不同事情的保密或公開程度，得到的結果因年齡和題目而異。舉例來說，我問他們如何處理家庭的消息，例如父母親離婚。我群組中的多數孩子都認為，朋友的爸媽離婚，並不屬於可以跟同伴分享的消息，如果有人未經同意就傳播關於他們家的消息，他們會生氣。然而，也有孩子說，「這有什麼大不了的？」或者，「我想知道這種事，這樣我就可以支持我的朋友。」這種體貼的反應讓人覺得挺窩心。

暴露隱私是否安全？

透過跟孩子的大量對話，我提出一個假設：九一一事件後的孩子重視安全勝過隱私。國高中生經常告訴我，如果政府想查看他們的資料，他們可以接受，因為他們「沒什麼好隱瞞的」。他們也認為零售業者知道他們的偏好，還針對他們發送商品廣告，也算是一種便利。

我們希望孩子瞭解，如果是為了方便而交換資料，多數時間我們對此表示同意。或許我對於這種事是好是壞不予置評，重要的是，我們必須意識到這件事，以便協助孩子保護自身的安全。孩子的確希望擁有某些隱私，但他們對隱私的看法跟我們不同。有時他們保持隱私的對象是家長與老師，甚至來自同儕。

會不會在網路留下永久記錄？

家長最常憂慮的事就是，「我孩子會不會因為七年級寫的那篇愚蠢貼文，而毀掉他未來的職涯？」這種事雖然不太可能發生，但網路資訊的長壽和公開度確實令人擔心。只有將所有線上內容視為公開永久的記錄，你才會更當一回事，對吧？

對於日常數位隱私的關切度，每個學校作法不一，我**不會**假定你的孩子已經學到適當的方法。在如何處理輕率的數位文化的作法上，我們至今未有共識。我很希望孩子們在十八歲前貼的某些堪比「犯罪記錄」的貼文能被刪除，至少不那麼認真被看待。

第九章會探討如何督導孩子思考其公共形象的真實性。在孩子還小時，你是他們數位足跡的作者，好好想想你在網路分享的東西，一旦他們年紀夠大（或許六至八歲），你在社群媒體張貼他們的照片之前，就該徵求他們的許可。如果比較年幼的孩子拒絕被拍照或分享，你也應該尊重他們的意願。

網路上有較高的霸凌風險？

自從遊樂場發明以來，霸凌現象就已經存在了。孩子終歸是孩子，有時會做出逾越分寸的行為。儘管霸凌不是新鮮事，但在科技加入這一團混亂之後，霸凌者確實多了接近目標的招數。身為家長（和老師），我們有必要瞭解這些招數，以及如何處置。

首先，就像類比世界，你必須能分辨日常普通的情感傷害和更嚴重的行為。如何知道危險性升高了？請相信直覺。除了傷害的強度，事件的發生頻率也是問題是否惡化到值得關切的指標。當孩子成為遭受斥責、威脅或勒索的對象，情況會變得高度情緒化，家長必須盡可能妥善地解決問題。

一旦孩子來求援，我們必須給他們明確的指導方針。我聽說過太多孩子彼此勒索、相互威脅的故事。當孩子感覺受到威脅或強迫，我們必須確保他們能夠尋求協助：讓你的孩子知道，如果有人想傷害他們，你會伸出援手。你的協助是無條件的，即使他們不守規矩（例如登入你禁止他們使用的社交平台）。他們的安全才是最重要的，沒有人可以粗暴對待他們！如果你的孩子知道隨時能向你求助，那麼霸凌者或施虐者的威脅（如「我會告訴你爸媽你幹的好事」）就產生不了效果。

當然，身為家長，你必須制定規則和設立界限。對於處理霸凌或騷擾孩童的行為，學校或地方執法當局並無一個統一的標準。如果你的孩子持續遭受騷擾，你能做的事之一，就是切斷騷擾者與孩子的接觸，確保孩子安全。但記住，如果你切斷他與朋友的連繫，他可能覺得這是一種懲罰。

孩子對於情況的認知，可能與你不同：「如果你告訴任何人……」就是一種明確的威脅。跟孩子解釋這種情況，讓他知道他有權拒絕這種必須被制止的侵犯行為。

相較於霸凌和騷擾，孩子更有能力處理其他大大小小的紛擾和憂慮，但最重要的是，你必須能辨識他是否受到排擠，一旦發生就要認真看待。有些學校比較擅長處理騷擾事件，如果學校有擬定支持性的政策，而你孩子正遭受同儕的惡劣對待，你可以跟校方合作，也可以向具備處理孩童社交經驗的社工或心理師尋求諮商。

孩子會不會看見不當內容？

不消說，網際網路充滿了你寧願孩子不會看見的東西。暴力、性及成人取向的內容都不宜出現在兒童世界。關於「孩子暴露在不當內容之下」這一點，絕對值得憂慮，而且問題注定會發生，即便你孩子沒有去搜尋不當的內容。

那麼，如果孩子看到色情影像或你不希望他看到的內容，你該怎麼辨？對於非常年幼的孩子（幼稚園前至二年級），請不要慌亂。你可以問他：「你看到了什麼？」向他保證你不是在發脾氣，而是對他看了「不適當」的東西感到難過。你可以問他有什麼感覺，給他討論這件事的空間。

對不同年齡層的孩子來說，展開的對話也不同。某個媽媽告訴我，她六歲女兒在朋友家看了另一個六歲孩子秀出來的色情內容。她發現之後驚慌地「恐嚇」女兒，如果再看這些東西，就會被關進兒童監獄。她希望藉此保護她遠離不適當的性試驗。

這位媽媽的驚慌固然可以理解，不過以恐懼為基礎的反應極可能造成反效果，從而強化了孩子對這些東西的興趣。你應該保持冷靜，告訴孩子，他看到了原本要給成人觀看的東西，也讓他知道，多數成年人甚至不太看這類影片，並且提醒他：「我可以幫助你，讓你不用再看見這些東西。」

孩子會受到社交壓力的影響。「錯失恐懼症」（FOMO）是真實存在的，因此你應該給他們可以運用的話語，讓他們能避開那些感到壓力的場合。你必須提供他們脫身、關閉電腦或其他裝置的支持，申明「這不是給小孩看的，」而且「我不想看。」如果可以，在問題發生之前就找機會討論，對事情會有幫助。

如果他們刻意搜尋不當資訊？

如果你孩子就讀三至八年級或者更高年級，好奇心很可能引領他們去搜尋某些不適當的內容。這可能讓家長不太舒服，因為我們不願相信孩子會做這種事。但請記得，孩子自然而然會產生好奇，而且他們正在學習設定界限。往好處想，現在介入幫助他們，正是時候。

你不妨說，這是「成年人替其他成年人製作的內容」，讓他們知道許多成年人甚至覺得這類內容沒有建設性、貶抑女性或描述狹隘的性觀點。向孩子表達你自己真實的感覺，會讓事情顯得十分合理。一位女士說，她的九歲兒子在網路上搜尋了「性感裸體女郎」。這是一個需要正向資訊的孩子，得有人告訴他，他的興趣是正常的，並非變態。但這也是個使用網路時需要被監督的孩子，一如所有的孩子。

性教育專家黛博拉・羅夫曼（Deborah Roffman）認為，家長應該盡可能讓幼童遠離色情影像。[2] 羅夫曼相信，觀看缺乏脈絡的生動表演，剝奪了性在人與人之間的意義，她建議，如果你孩子真的看了色情影像，你得告訴他們這與真實的性有多麼不同。此外，家長應和孩子談談在電腦上看見「裸體者」的可能性，一旦他們年紀大到學會在網路搜尋資料，就要求他們一旦看見裸體照片，要馬上告訴你。

在《性暴露：在色情取向的世界幫助孩子培養健康性觀念》（*Sexploitation: Helping Kids Develop Healthy Sexuality in a Porn-Driven World*）一書中，作者辛蒂・皮爾斯（Cindy Pierce）指出，她訪談的家長都宣稱，他們家的青少年男孩從來不看色情影像，即便研究顯示，孩子首度接觸色情影像的年齡是十一歲。皮爾斯說：「我訪談過的男孩和青少年幾乎全都利用了家長的無知與天真。他們彼此分享著爸媽跟其他家長吹噓自己在臥房花了多少時間讀書，以為笑談。」[3]當孩子年紀更大，家長應該讓他們知道性慾與性幻想是正常的，但色情影像只會讓他們在準備好與伴侶發生性關係時，無法享受箇中的滋味。

在我某次演講中，一位媽媽告訴我，她就讀八年級的兒子對於手機上的色情影像上癮。當她發現兒子在看色情影像之後忍不住質問他，而他也承認自己無法停下來。這種情況下，在手機及平板上安裝一個過濾軟體，有助於戒除這男孩自承想要改變的習慣。也許在朋友間、甚至圖書館，都充斥著無限制使用的裝置，但如果能讓網路色情影像的傳播變得不那麼方便，就足以幫助某些孩子。

沒消息就是好消息

無論電視、YouTube 或臉書上出現什麼，除了色情影像，總有許多你不希望孩子看見的內容。這種事也發生在我身上。某次我和紐約市某家長團體晤談，我的五歲兒子待在外公家。那時我父親正在收看十點新聞，我兒子偷偷溜下樓撞見了可怕的暴力畫面在網路新聞上播放。這支影片是我不希望他（甚至成年人）看見的東西。我跟他聊起這畫面有多嚇人，聽他說說感想，並回答他的問題——以適合他年齡的方式。事後，我丈夫、父親和我全都提醒自己往後要提高警覺。

孩子的興趣會帶領他們去到意想不到的地方。舉例來說，有一個幼童很喜歡看極端氣候的影片，但他並未準備好看到龍捲風掃過後人們受傷的悲慘畫面。YouTube 或許多網站都會以生動的暴力作為號召，因此你必須判斷，你的孩子是否準備好獨自使用網路。你們要一起想辦法，讓他免於看見嚇人或不適當的東西。

高風險的數位世界

缺乏瞭解會導致恐懼和懷疑，我認為應該儘量提供老師家長和學校行政人員關於孩子適應數位生活的資訊。資訊加上策略，才能提供更多的支援，處理數位生活的難題。許多家長提到的問題，是有關地理標記，以及和陌生人聊天。

地理標記

行動裝置的普遍，已經對文化產生巨大的衝擊。十年前我們不指望隨時知道朋友、伴侶和孩子身在何處，我們會推測他們是待在學校、正要走路回家，或者在外頭玩耍，但無法確知。在我們十二、三歲時，父母親肯定無法隨時知道我們的下落。

至少我爸媽不會知道。我記得十三歲時跟某個朋友在紐約街頭蹓躂。有位警察過來問我是不是黛沃拉．海特納。事情是這樣的，當時我和朋友一起跑到紐約市區慶祝生日，我們像鄉下孩子那樣在格林威治村到處亂逛，試戴太陽眼鏡，吃著一塊錢一片的披薩。沒想到，我朋友爸媽替我朋友舉辦了驚喜生日派對，突然間發現找不到兒子，只好報警處理！現在很難想像這種事了——家長只要傳個簡訊給孩子，確定孩子不在陌生的地方就可以了。

現在我們隨時能被聯絡得上，而地理標記遂成新的隱憂。我們會隨著每次說明地理位置的貼文和傳訊而留下蹤跡。或許你希望掌握孩子的行蹤，但你願意每個人都知道他們身在何處嗎？當中的危險性顯而易見。

跟陌生人交談

透過社交平台和線上遊戲，你不認識的人都可以跟你孩子聯繫。網路使匿名變得容易，更糟的是，陌生人可以為了接觸孩童而冒充成孩童。不過請先不要驚慌，好消息是，研究顯示，多數孩子都不會想跟陌生人接觸，多數時候，他們只想利用科技連繫已經認識的人。

然而，他們可能不介意跟陌生人一起玩《當個創世神》。他們也可能喜歡使用能遠距離交談的應用程式，因此某些程式、遊戲和網站會存在潛在的風險。最重要的是，你得知道孩子會用這些程式做些什麼。程式或軟體本身無害，孩子的行為才是重點，他們跟誰聯繫？產生哪些互動？

顯然，你不希望年幼的孩子使用約會、媒合或專門連絡陌生人的應用程式。「年幼者使用軟體必須經過家長同意」的規定雖然看似明智，但孩子也可以隱藏圖示，讓你以為他們沒有安裝。大體而言，監控會導致更多的監控，因此，和孩子談談他們的軟體使用狀況，往往是瞭解情況的好方法。要使孩子免於不好的經驗，就要確保他們知道可以向你求助。即便他們已經做了後悔的事，也可以和你討論。如果孩子不致感到孤立無援，就能大大遠離風險。

當你看見孩子們彼此勒索的事件，請想想受害者的孤獨感。他們可能覺得「必須」做侵犯者要求的事，即使不合理。我們應該讓孩子知道，不要信任試圖勒索他的人，讓步得越多，就得放棄越多權力，更容易遭受持續的騷擾。以上都是你必須傳遞給孩子的關鍵訊息，因為他們最終可能落入這種下場，而不知如何擺脫。

落實知識的運用

理解數位安全與禮儀非常重要。跟你孩子聊聊，當他分享貼文的同時如果也讓別人知道他置身何處，為什麼不妥當。除了安全顧慮，他是否考慮到別人的情感也可能受到傷害？孩子們有時積極分享某些事件和活動，是為了散播一種讓沒參與的孩子所感受到的排擠感。關閉地理標記／地理追蹤是個簡單的作法，對許多家庭來說很有效。

跟孩子談談如何善用數位裝置。關於科技的使用有哪些議題？好處和危險是什麼？如何做判斷？使用某些程式或遊戲的規範為何？如何規定連線與離線時間，以及，如何建立符合價值觀的規矩？以下將深入探討上述議題。雖然我們不希望孩子利用科技來做每件事，但本書著重的是教會孩子如何每天與科技共處，並從中真正成長。先來看看孩子的數位生活。

2 孩子的科技世界

現在小孩的科技知識似乎是憑直覺獲取而來的，畢竟他們學得很快，可以迅速熟練新軟體的使用。但是，這不表示他們能清楚掌控所有的狀況，在運用科技時，他們需要明確的教導，才能達到最佳成效——而你，是教導他們的最佳人選。

我的五歲兒子將我的應用程式全都整理到一個名為「大人程式」的資料夾，從資料夾名稱的拼字錯誤，我就知道這是他幹的。他學會整理手機桌面，不代表他準備好進入「應用程式商店（App store）」，為自己挑選高品質的兒童應用程式上網操作，或為自己購買一支智慧型手機！

研究顯示，儘管孩子對科技很嫻熟，然而一旦進入科技世界，就會暴露出許多弱點。舉例來說，他們未必總是知道怎麼評估和解讀海量的資料，[1] 也過度信任在網路上快速搜尋而來的結果。

「Google 一下」似乎可以為所有問題找到答案，但身為家長，我們必須幫助孩子建立真正的「數位素養」，協助他們評估資料來源，以及就資訊的品質和真實性進行分級與判斷。

孩子的確在學校裡學到一些技巧。現今的老師比以往的老師更嫻熟於科技的應用，卻無法保證教會他們有意義的數位技巧。就算在一個高度注重資訊素養的學校，老師家長都跟我說，孩子不一定會將這些原則應用在網路搜尋或閱讀上。和你的孩子一起關注歷史或時事，或許也可以跟他一同規劃旅行的目的地，藉以評估他在這方面的技巧。

好消息是，孩子渴望做好這件事，他們想在線上遊戲和社群媒體營造正面的印象。高中生告訴我，他們希望避開網路世界的紛擾，他們會創造內容、分享同人小說，用好玩的方式使用社群媒體。以下是孩子的觀點，透過這些事，你會學到很多東西！

孩子用科技來做什麼？

「他們都在網路上／用手機做些什麼？」這是家長經常表達的憂慮。訪談許多孩童，我發現他們做的事或許讓你驚訝，我分為四種類別：

- 消費（和創造）內容
- 以程度不等的嘗試和摸索，控制數位世界
- 與別人取得連繫——經常性
- 對別人使壞——有時候

一、消費（和創造）內容

孩子未必懂得判斷他們所找到的資訊品質，但確實知道該怎麼搜尋。YouTube 是必備的搜尋引擎，而稱霸世界的 Google 也是重要資訊來源。如果你要求孩子在網路上搜尋某樣東西，在你問完問題前，他們可能已經有了答案！儘管有些孩子消費成癮，但許多孩子不但消費也會創造，網路上有許多容易上手的創作工具，而多數孩子都會創造內容——即便連五歲的孩子也會製作影片。[2]

諸如 YouTube Kids，以及如 Google 的 SafeSearch 等工具，雖然過濾和封鎖的效果有限，卻可以引導孩子安全找到合適的影片，有助於補強你對學齡前和小學階段孩童的督導。使用過濾器之前，請先詢問自己，你的孩子是否為了學習而需要用網路。學齡前

孩童或小學生大可用平板來玩遊戲或畫畫，或者操作不需上網的音樂軟體，並不需要具備搜尋功能。如果你無法和孩子一起親子學習，那麼他是否有上網搜尋的必要？

歸根結柢，如果你能教導孩子如何上網搜尋資訊，你就能夠影響他，而非控制他。他們需要你幫忙找尋並且評估對他們有益的資訊。你可以從以下幾點著手：

- 他們是否知道 .com、.org、.edu 和 .gov 網站之間的差異？
- 說到線上財產，他們是否接觸過版權和所有權的議題？
- 他們是否知道如何找尋可以作為公共用途的影像？
- 他們是否知道公共和私人財產的差別？
- 他們是否瞭解網站利用圖片和文字提出論據的方式？

請記得，即使你的小孩是所謂的「數位原住民」，他們也可能對數位生活的諸多面向一無所知。為了瞭解孩子在忙什麼，我與大衛．克萊曼（David Kleeman）晤談，他是孩童娛樂研究公司 Dubit 的全球趨勢副總裁，也是美國兒童與媒體中心（American Center for Children and Media）的前總裁。根據 Dubit 最新的研究顯示：

- 孩子四歲之前，家長是他們選擇媒體的主導者。
- 等孩子五歲到七歲，YouTube 超越家長，成為主要影響他們的因素，不過家長的影響力依舊高於朋友。聲控讓尚未識字的孩子能在 YouTube 上進行搜尋。
- 介於八至十歲的孩子，YouTube 是他們搜尋的核心，而他們在選擇媒體時，朋友對他們的影響力高於父母。
- 十一至十五歲的孩子，從 YouTube 接收的媒體影響力高於朋友。搜尋引擎和應用程式商店是重要的資源。

這項研究有助於鎖定你的孩子及其同伴從何處獲得媒體影響力，從而問出正確的問題。

二、掌控數位世界

年幼的小孩甚至比年長的小孩更快在整個連線世界通行無阻。他們使用網路相對自由，而且有太多行動連線的裝置就近在身邊，即使他們沒有自己的電腦或手機。如果那些過濾器和路障能成功阻止孩童接觸不當內容就好了，可惜事實並非如此。更糟的是，這些工具讓家長誤以為「我安裝了某程式，所以不用費力督導孩子了。」這正是監控無法取代督導的原因。

孩子會避開路障

你知道，對某些孩子來說，路障反而是一種引誘。當然，如果科技就業市場繼續蓬勃發展，你家的小駭客前途可望一片光明！只要拿到學校發給的平板，很多孩子就能透過稱作 1:1 的運算程式取用資訊。一位三年級孩童的媽媽告訴我，即便學校規劃了經過濾的「封鎖」環境，她兒子照樣能從 Google Chrome 找到後門，在上課時間漫遊網路。

許多家長覺得他們可以監督買給小孩子的平板，但學校會提供什麼樣的裝置，則屬於學校的權限，因此很多孩子都會利用這一點：「我被禁足了，手機也被沒收，但我用學校發的 iPad 做我想做的事。」一位七年級女孩這麼說。擁有裝置比能不能連線重要，一旦孩子擁有社交帳號或雲端空間，使用什麼裝置都無所謂。

我要強調孩子避開路障的能力，並不是說家長積極的防堵是徒勞無功的，而是要讓家長知道，我們的確肩負重任（我本身也是家長）。此外，在孩子的裝置中安裝軟體或過濾器遠遠不夠，我們必須教會他們在數位世界順利成長所需的技巧。

孩子不一定喜歡科技

你知道嗎，孩子未必想獲得那些最新最炫的玩意兒或程式，也並非毫無保留地沉迷其中。我訪談那些拿著最新款手機的孩子，他們都說，被要求處於一種隨時可以連絡的狀態，壓力很大。

有人批評學校的科技。許多孩子喜歡在一對一環境中進行個人化學習和即時合作，有些孩子卻不然。一位六年級女孩描述在學校用 iPad 帶給她的挫折：「我不習慣隨時查看 iPad，而且我討厭不斷更新和一直響個不停的叮咚聲。老師都不知道，就算他阻止我們下載某程式，但只要我們以前下載過，就能再次下載。一旦下載過某個遊戲，我透過捷徑就能回到雲端重新載入，即便它被封鎖了。」

另一個一對一學校的六年級學生說：「老師以為知道我們在幹嘛，他們錯了！現在的老師都不教我們一些真正的東西，所有課程都是自動評分。學校充其量只會叫我們讀文章，而我們去年做了很多 PowerPoint，連試都不知道怎麼考。」

有些孩子發現自己變得容易分心。一對一學校的七年級女孩表示：「雖然 iPad 很好玩，但我寧願沒有這個東西。我記不住東西，寫作業需要花更長的時間，而且我很難一邊聽一邊打字。有時候我盯著螢幕，會忍不住像用手機那樣用手指去滑頁面。」

當然，並非所有孩子都批評一對一的整合計畫。事實上，我描述的那些因科技而苦惱的孩子還是一些例外。但我們應該注意，有些孩子對於生活中教育性科技所扮演的角色感到矛盾，或者，他們會抱怨從家長那裡聽來的批評。

許多學校裡的孩子對於電腦的使用抱持正面看法。在我調查的焦點團體中，一位四年級男孩在三年級參與了「一對一領航計畫」，但上了四年級，他已經沒有平板可用了，結果他畫了一張示意圖：一個東西滿溢出來的背包，對比在他三年級的背包中，只放了平板和一本筆記本，因為那時他可以把課本和學習單都放進平板！

無論如何，我們必須打破孩子為了享受科技因此很喜歡科技的刻板印象。在學習使用電腦和連線的道路上，一旦時間一久，或是察覺老師的關注度變低了，孩子就會感到挫折。他們喜歡科技，是因為他們可以用新的方法創作、學習、分享和連繫。

三、不停連線

一旦孩子在線上跟同伴取得連繫，這種連結就可能迅速成為一種長期而持續的背景。儘管成年人會談到雲端生活，但孩子（及在連線生活中相當數量的大人）是活在人群中，他們加入全年級的群組，或在社群網路上擁有所知甚少的追蹤者。我們不希望他們從這個龐大且永久的同儕團體眾包（crowdsource）中獲取身分。

他們是如何使用社群媒體的？第七章會有關於同儕議題的深入討論。

孩子如何使用社群媒體

我們往往對成人使用社群媒體的方式知之甚詳，卻不知道青少年和八至十二歲孩子、甚至更年幼的孩子，在這些地方做些什麼。孩子因為各種理由而使用社交網路，當他們被問到如何選擇，高三生瑪麗安娜概述了使用方式：「有些程式是用來維持長期的連繫，有些用於日常生活，如制定計畫；有些主要和你正在做的事有關。臉書是用來和人保持連絡和交談的，而推特比較像你當下在做的事。」

孩子以迥異於成人的方式傳遞訊息。許多年幼者（以及剛學會傳訊息的孩子）主要將群組當成放學後彼此連繫的方式。在群組收發訊息的興奮感令他們難以抗拒。

成人傳訊息多半是為了實用目的，但孩子沒有這些實際的需求，對他們來說，傳訊息是一種娛樂消遣，以及不必待在一起就可以歸屬某個團體，和人保持連繫的感覺。念高三的托比亞斯告訴我，擁有第一支手機沒什麼大不了，「我十一歲拿到第一支智慧型手機是LG的，我覺得有一支手機很酷，我用它和朋友保持連繫。說到玩《當個創世神》，我爸媽限制我玩遊戲的時間，但我可以盡情傳簡訊。我姐姐念高一，她用手機的時間比我還長。」

讀九年級的高中生丹妮爾拉說：「社群媒體上是我放學後回顧當天新聞的地方，我可以知道誰幹了什麼、更新關係方面的消息（例如哪對情侶在一起或分手了），或者瀏覽日常瑣事。到了晚上，我會到IG上看看大家一整天都在忙什麼。我追蹤了一千兩百人，差不多也有一千兩百人追蹤我。我們用推特做好玩的事，不純粹是為了看照片。有時候看到別人在做有趣的事也會讓我想加入，如果我感覺他們玩得很開心。」

在討論衝突時，念九年級的瑪雅說：「大部分人都很和善，但有些不具名的推文不一定是直截了當的批評，而是暗中影射發生在某人身上或者某件很不好的事。某種程度上，這有點刻薄，但別人多少會覺得『這真是一場好戲啊！』不過，要把什麼東西放到網路上，全是自己的選擇。」

「錯失恐懼症」是社群網路常見的副產品。讀九年級的娜塔莉亞說：「我通常不會覺得落單，但有些人會一直講自己的事，放一大堆人的合照，你最好不要看那些東西超過一次。看見別人做好玩的事會讓我想參加，但是如果我已經心情不好了，那只會讓我更沮喪。」

數位影像作為社交貨幣

這個世代的孩子活在一個不停拍照、甚至自拍的世界。孩子——甚至許多成年人——對自身公眾形象的想法可能令人費解，而且對「隱私」的理解也跟大人不同。當你的孩子對著別人拍照，而且未經允許就張貼或標註在臉書，我們會視為侵犯隱私的行為。我們可以為孩子建立一種文化：要公開別人的照片之前，必須要求許可。但我們無法指望每個被拍照的人都願意默默分享照片。

現在的小孩生活在一種「拍照文化」之中。無論你作何感想，請先不要批判。在一支名為「#Being13」的紀錄片中，主角談到了自拍。如果你嘲諷孩子的自拍行為，或將之視為一種病態，那代表你沒掌握到重點。孩子自拍是為了記住某些片刻，他們將照片作為一種視覺化的速記。[3] 自拍和照片的確大量存在於他們的世界，攻擊這種行為是沒有意義的。

小孩比我們想像的更常用照片來溝通。在《破解APP世代》（*The App Generation*）一書中，作者霍華德．加德納（Howard Gardner）與凱蒂．戴維斯（Katie Davis）指出，孩子解讀影像的能力強過解讀文字。[4] 他們對朋友貼的照片所做的解讀往往具備鮮明的脈絡，包括共享的經驗、具有含義的地點、表明身分的風格。小孩很清楚在社群平台上分享的照片擁有廣大的觀眾，而且他們想傳達的意圖可以只針對其中一小部分觀眾。

四、偶爾使壞

小孩也有劣根性（這件事在我們還是小孩時就沒變過），我相信你常常能找到孩子對待事物刻薄的證據。線上空間如同真實世界的各種場合，你也會看到孩子在上面耍心機。

三、四年級的兒童群組說，他們會在玩遊戲時使壞，有些年長的孩子會被排擠，因為沒有人想跟他們玩。孩子們在社群平台的互動往往暗中展露惡意，甚至發出直接而歹毒的批評（例如「你穿那套衣服看起來真醜。」）

有時你會在意想不到的空間發現卑劣的行為，諸如在Google Docs平台，孩子可能在一起合作某個線上計畫時搗蛋。某八年制學校的資訊技術中心主任瓊・史塔普（Jon Stoper）說，他看見孩子在Google Docs、Edmodo及一些他們流連的平台上表現出負面的互動。孩子之間會爆發小爭鬥，或者設法要贏過同伴。他們可能批評某個想法很蠢，有時這麼說是刻意的，有時則未經思考。

這是否表示我們應該禁止孩子之間的數位合作？當然不是。然而，如果發現這種行為，我們必須給孩子重新來過的機會。如果他們傷害了同伴的感情，我們也必須幫助他們修補關係。

孩子自以為知道

你看得出來孩子運用手機和平板十分拿手，他們會操作最新款手機，下載目前最流行的**APP**，彷彿長年都沉浸其中。對我們這些成長於「使用者手冊」伴隨產品包裝時代的人，對這種情況難免訝異。我們雖然也能學會操作某些軟體，但似乎得花上更長的時間。

孩子對3C產品很拿手，而且知道的不少。例如，他們知道在線上謊報年齡非常容易，要創造多個帳號也不難。他們瞭解同年級某些人的活動被會班上的每個人追蹤，也有某些活動完全沒人理會。他們知道可以跟陌生人玩遊戲，而只要透過相同的系統，也可以和他人分享遊戲。

分享遊戲、避開路障、謊報年齡以使用有年齡限制的軟體、利用家長的帳密下載程式，以及其他相關的變通方法，對孩子來說，比起弄到高中或大學的假學歷容易多了，因為這些造假不用花力氣，在數位世界創造表象非常容易。孩子年幼時就已經很擅長運用科技來滿足目的，然而有很多事情，他們自**以為**知道，其實不然。以下舉例說明。

他們以為懂得處理同儕之間的衝突。在我的工作坊，五六年級的孩子說，如果他們不小心（甚至故意）以不當方式分享了朋友的消息，而破壞了彼此的信任，那麼要脫身的辦法就是另外散播一些謊言，讓大家搞不清楚真假。他們也會「交易」犯規，如果某個孩子背叛了朋友，他會讓對方分享他的秘密，作為一種補償。

事實上，這些都不是好方法。你可以和孩子腦力激盪出一些解決方法。不過，當我詢問九年級孩子如何處理與同學之間的衝突，他們的答案妥當多了！所以我們知道，當孩子越來越成熟，他們將更善於面對社交上的挑戰。身為家長，我們應該肯定這種成長。

他們以為懂得處理團體動力。萊拉傳訊息給莫妮卡：「你覺得莎拉這個人怎麼樣？」莫妮卡回訊息：「人不錯，但有點無聊。」結果莎拉和萊拉正盯著同一支手機畫面。當然，莫妮卡感覺糟透了。一個無心的閒聊傷害了別人的情感，還可能損及友誼。這種故事有許多版本，而參與其中的對象都不是孩子所以為的聽眾。孩子還在學習怎樣才能有效溝通，而群組訊息卻構成困難的挑戰，因為他們必須同時對著不只一位「聽眾」說話。

他們以為懂得設定隱私，卻未必做得妥善。許多孩子自恃有足夠的經驗與成熟度，以為他們在網路上的貼文和發表都是隱密的——他們沒有認清事實。我曾用 Geofeedia

找出孩子當天在學校時張貼的影像，他們相當驚訝，原來他們忙著上傳影像到各社群網站的同時，也開啟了地理標記功能！因此，這些貼文實際上是公開的。只要搜尋這所學校地點的貼文，就能看見這些加註了地理標記的分享。

孩子們自以為很會操作電腦，卻忘記了可能留下數位足跡。某位校長跟我說，在Google的教育套裝應用程式中，小孩透過Google Hangouts、Google Docs進行視訊聊天或合作，過程中往往留下不少針對別的孩子的批評，但他們還以為這些留言無法被追蹤。教育工作者史塔普表示，這些證據披露了他們將聊天軟體當作說同學壞話的工具，每次被揭穿，都會讓他們人吃一驚。

他們以為懂得正確使用程式。即便孩子瞭解像Snapchat（和其他「閱後即焚」程式）的畫面可以被儲存下來，但是在使用的當下，他們也常表現得彷彿忘了程式有這類功能，直接允許儲存影像或貼文的請求。他們也許壓根兒沒想過，有太多理由會讓別人私自存下聊天的內容。例如，一個孩子張貼了某些自認有趣、實則讓別人感覺冒犯的內容，後者就可能把畫面截下來，跟老師或家長告狀。

他們以為知道要避免剽竊，並適當地註明資源出處。網路上的東西全都是免費的，對吧？錯！這個世代的孩子在無限制取用資訊的環境長大，他們能搜索到關於任何主題的一切，這種免費資源無疑對孩子關於「智慧財產」的思考產生了影響。你得費很大的力氣向他們解釋，即便免費取得某個影像或文字，也不能未經允許直接使用，或者更糟的是，宣稱是自己的作品！

孩子聰明，但你有智慧

連線裝置、遊戲及應用程式在孩子生活扮演的角色讓家長倍感壓力，因為規則已經改變了，而家長難免覺得自己像個局外人，或者跟不上潮流。身為家長，自認跟不上潮流很正常，或許你買了某種音樂遊戲裝置給女兒，卻得知她拿它來傳訊息；或許在你還不準備讓你的三年級兒子跟人家傳訊息時，你就買了手機送給他。又或許，你兒子要求下載某個聽來無害的程式，結果你發現上面充滿了讓你花費額外金錢的「機會」。許多家長坦承，一旦下載某些程式，即便發現安裝這程式真是個錯誤決定，他們也不知如何刪除。

儘管你無法控制孩子所做的每一件事，但你可以保持積極和用心，透過教孩子回應各種情況，並且在家裡規劃使用電腦和不插電的區域，從而讓他們深思熟慮地使用科技，做好順利成長的準備。

當孩子表現得彷彿無所不知，對大人的意見不屑一顧，家長往往會否定自己的智慧和經驗——即使當孩子長大到有自己的小孩時（這件事會讓他們受教匪淺！）就會發現這些經驗是多麼受用。

我們知道那種落單的感覺。我們知道朋友離我們而去「跟別人好」的感覺。我們知道加入新團隊的感覺。我們知道暗戀的激動，或者擁有一個不想被批評的嗜好是什麼滋味。我們知道說話被斷章取義的感覺。同理，這些經驗也發生在我們孩子身上，而數位連結、群組訊息和社群媒體的發達，讓某些情況更加惡化。

你孩子在看見某同學張貼的照片，或聽說了將他隔絕於外的群組訊息，或許會感覺落單，但即便你在他這年紀沒有這些經驗，也不表示你幫不上忙，因為你擁有豐富的社交經驗，你能提供科技無法給予的協助。我們需要對孩子的日常經驗感到好奇，我們需要傾聽他們在想些什麼，並且利用他們的創造力與我們的智慧共創解決之道。

最重要的是，你必須相信自己，肯定你對孩子的認識，以及他們的需求勝過其餘人對這件事的看法，無論如何都不感到絕望或放棄。社群媒體平台並非為了單一個體的需求而設計，它們是被設計來形成一種連結，但的確無法符合生命中每一個年齡層和階段所需！

身為孩子生活中最重要的成年人或家長，在孩子跨足數位世界或與世界連結的時候，你必須盡可能形塑他與科技的關係，以及管控與他互動的媒體，同時提供他做出良好決定的準則。

本書會告訴你如何與孩子談論線上經驗。首先，先評估你對於他們的數位世界有多少理解。

3 數位素養評估

我們已經見識過孩子的數位世界，那我們自己的數位世界又如何？你也許很熟悉試算表，或者精通線上銀行業務、常常上網找資源來規劃旅遊，或者你寫部落格、推文和臉書。也許，你跟科技保持著適度的關係，以電子郵件為主。那麼你就必須知道，即使你廣泛使用科技，你孩子用（或想使用）社群媒體的方式也跟你的線上活動非常不同。

對許多孩子來說，個人裝置彷彿身體的延伸。很多家長告訴我，他們很難跟得上不斷更新的線上遊戲和社群媒體，也不瞭解孩子從事這些活動的方式。更糟的是，家長覺得自己懂的不多，根本無法問出適當的問題。畢竟，如果那些事連你自己都不瞭解，你要怎麼開導孩子？

如同學習任何一種新事物，對科技的嫻熟也得從最基礎開始。大量的新資訊令你不知所措，你得先忍受不安，才能對它產生好奇。你不妨欣然接受這種「超載」，面對它，然後利用片刻空閒一點一滴接觸新資訊。為了孩子，你不該遇上第一道關卡就放棄！

媒體督導者

本書主旨是「督導」，我堅信這是為孩子未來線上和離線生活做好準備的最佳方式。相較於保護孩子遠離線上世界，協助他們做出正確的決定，才是妥善有效的策略。然而，在數位時代要當個督導者，意味著你必須參與孩子的科技世界。你得學會玩孩子玩的遊戲，引導他們進入一個創造力勝於消費的螢幕生活。我想，你可能要準備好在《部落衝突》（Clash of Clans）或 Agar.io 中擊敗辨公室所有的人，然後你會發現，打電玩並不是一件容易的事，你會對你孩子有一番新的認識。

如果你願意分析他們的消遣，你就會知道並非所有「螢幕時間」都具備一樣的意義，而找到自己的「督導者角色」是箇中關鍵。在你的生活圈，是否有別的家長熱衷玩遊戲，他或許能幫你瞭解《當個創世神》的遊戲模式？你有沒有朋友或同事早已下載最新的社群應用程式？他或許能告訴你，你那十三歲兒子跟你吵著下載的那個程式的利弊？

結合開放和好奇的督導態度，對於建立數位正面價值觀有很大的幫助。你必須找到自己的督導者角色，以回應特定的需求。當然，如果你孩子不全然著迷於玩遊戲，那麼你或許不需要立刻去熟悉遊戲相關的資訊。

對科技的觀感？

讓我們先從「你」著手。你對科技抱持何種態度？你個人對媒體、大眾文化和科技的看法，會影響你關於科技品質的假定。《觸控、點擊、閱讀》（*Tap, Click, Read*）一書研究了數位時代早期素養的形成。書上提及，應用程式商店就像個蠻荒西部，裡面幾乎一切都可以歸類為「具有教育意義」，包括替孩子寫作業的軟體，或者多數老師和家長不希望孩子使用的程式。[1]

難怪當家長試著判斷哪些類型的科技在孩子生活中扮演正面角色，經常困惑不已。不僅要跟上新的程式和遊戲很困難，從祖父母到老師到家長，也提供了不同且激烈的觀點，這些混雜的訊息往往充滿了愧疚感。

研究顯示，如果家長能以督導的態度帶領孩子使用科技，比起限制（或忽略）他們獨自使用科技，更能獲得好的結果。科技研究者亞歷珊德拉．塞繆爾近年來以七百個美國家庭為案例，發現一般家庭對科技會採取三種主要態度：[2]

1. 家長扮演「限制者」的角色。他們對「螢幕時間」採取限制態度，對孩子運用科技的本質與認知缺乏有意義的互動。這種「越少越好」的態度在學齡前孩子的家長身上尤為常見。
2. 家長扮演「督導者」的角色。他們參與孩子的線上活動，包括和孩子一起打電玩，和他們聊聊如何負責任地使用手機或網路，以及讓孩子知道有哪些提供知識的書籍、文章、電玩或程式。
3. 家長扮演「放任者」的角色，他們採取放任態度，既不限制也不督導，放任孩子使用手機或電腦。

塞繆爾對這份研究的解讀是，儘管限制螢幕時間可能帶來好處，但無法讓孩子為「以科技作為互動媒介的真實生活」做好準備。她說，「不讓孩子接觸網路，只能獲得暫時性的成效，一旦他們可以上網，這些被限制的孩子往往缺乏在線上互動的技巧和警覺。」

至於那些「放任家長」因為放任孩子使用裝置、軟體和遊戲，加上對功能強大的裝置關注度低，所以很容易陷入困境，甚至惹上麻煩。最稱職的家長應該是以積極態度督導孩子在數位空間的互動，讓孩子為真實世界做好長遠的準備。

真受不了別的家長

當你評估孩子的數位環境和經驗，會發現孩子同學家長的教育策略難免對你孩子產生影響。有位媽媽說，有些家長的教養方式和學校政策讓她對掌控孩子使用媒體感到無力。「我女兒去年上五年級。我很意外的發現，班上許多同學都有手機，他們自然而然會加入某個社群，傳訊息，我們當家長的根本不知道怎麼介入。」

有些孩子對科技顯然很著迷，但有些孩子則否；有些孩子擁有手機，有些孩子沒有；有些孩子會用 iPad 或 iTouch。緊接著，學校開始主張一對一倡議，因此每個孩子都得弄到一台 iPad。身為家長，這些是你無法控制的部分。某位挫折的家長抱怨：「我擔心別的家長對孩子使用電腦的規定，跟我定的規矩不同。我擔心我孩子待在同學家裡的時候，那些放任的家長對他們上網在做什麼置之不理。」

即便相對來說，你比較能夠控制孩子對科技的使用，那麼社交壓力也會讓一切變得複雜。我兒子最好的死黨去年聖誕得到 Xbox 遊戲機？他班上幾乎所有同學都有一支手機？他朋友都可以在地下室自由上網，不需要家長輸入密碼？……這確實棘手。或許你認為你的十二歲兒子已經能夠運用社群媒體，因此你才允許他登入某個平台，但在其他家長眼中，你正在破壞規矩！

在大量的諮商經驗中，我發現要請家長和別的家長討論數位教養是多麼困難。家長彼此存在著許多批評和消極作為，幾乎無法建立共識。但我認為，當我們對孩子的行為感到憂慮，努力就教養和科技議題進行開放性溝通，並且採取社群取向的態度，可以讓大家都受益。

如果你的孩子年紀較長，宣稱他是同學中最後一個還沒有手機或平板的人，我建議你可以和他一起想辦法維持跟朋友的連繫。你可以給他一個清楚的時間表，讓他在規定時間內或某些條件下使用手機。例如，在你同意給他買手機之前，要求他達到某種值得信任的標準，或許他可以用零用錢分期付款，或遵守某些規則？無論如何，請對你身為家長所做的決定有信心，因為這些決定是基於你的價值觀，不應該被他人左右。

處理別的家長的決定是件難事。你可以探詢那些家長這麼做的理由，或去理解他們對數位事務的準則。我們能找出彼此相容的社群，但某種程度上，孩子如何選擇朋友是我們無法控制的，你的孩子勢必會接觸到別的家長和不一樣的規定，而這不可避免會影響到他的判斷。

有些家長寫信給我，表達了對其他家庭的憂慮。我最近就收到一封信：

> 我們的朋友允許他們讀小學的孩子毫無限制地玩電腦遊戲。他們聲稱，如果小孩被剝奪了使用電腦的權利，會變得有侵略性。我也注意到，iPhone 在社交場合已經取代了電腦。我的孩子正對這些東西上癮，我可能需要專業協助來解決問題。我們的觀察正確嗎？電腦成癮會不會變成童年期的隱憂？像我們這樣的家庭可以向誰求助？

我們無法控制別人的作法和判斷，所以當某些情況牽涉到我們對孩子的教養，該怎麼辦？不健康的事情越來越普遍，該怎麼辦？如果你的孩子年紀很小，你可以密切掌控，例如當他們在線上跟別人玩遊戲、暴露在不好的經驗中，你可以告訴負責監督的家長：「射擊遊戲把我嚇壞了，我寧願我家小孩不要玩這種遊戲。」或者，「我女兒看恐怖電影會做惡夢，我們希望她能遠離這些影片。」你也可以教孩子主動地表達意見：「我爸媽不讓我玩／看這個，所以我不要玩／看。」當然，有些孩子很難堅持自己的主張。

青少年學習專家艾娜・荷梅庸（Ana Homayoun）發現，在一種情境下，孩子往往會做出最糟糕的團體決定，那就是「當孩子在朋友家過夜」。[3] 因此，即使對科技持開明態度的家長也應該理解：要求這些一起過夜的孩子進行不插電活動（或將手機或電腦放在遠離活動的場所）是個好主意。

對於不靠社群聯繫的年幼孩童，你也許希望控制他們跟玩伴的約會或進行社交的場所。如果問題發生在孩子朋友家裡，而對方家長沒有表現關切或訂立規則，那麼你很可能束手無策。最簡單的辦法就是改在自己家裡招待孩子的朋友，如此一來，你孩子就不會待在你無法控管的環境。

你也許不希望孩子處於一個必須對別人提供的東西說「不」的場合，無論是單人射擊遊戲或無限制使用網路，以及花費大把時間搜尋不適當的內容。但是，同儕壓力就是同儕壓力，就像你小時候會遇到的那樣，有些孩子懂得自我主張，有些則否。依據孩子的年齡和個性，讓他們待在你設定的範圍，未必是一種合乎現實的作法——但是，這正是你能介入和運用智慧提供協助的地方。或許你可以安排一些活動，讓孩子和朋友到公園或你家玩耍，這也是不錯的方法。

年紀大一點的孩子如果被允許獨自到朋友家玩，也必須確保他們有良好的判斷力和螢幕智慧，以防某些狀況發生。

你覺得自己落伍了？

很多家長一談到科技，就覺得自己落伍了。讓我們面對現實吧！小孩幾乎都比家長更早知道最新科技潮流和社群媒體——這沒什麼不好。

重要的是，大人比小孩更有社交智慧，即使後者對數位科技熟練的不得了。成年人的社交智慧極具價值，實在不該被低估。你孩子為什麼想傳簡訊？他們使用社群軟體的動機何在？有沒有別的辦法能夠達成連結？要不要考慮一起開設帳號？

一位有創意的媽媽替家裡的狗和十一歲女兒開設了 Instagram 帳號，她們一起貼文，而且主要追蹤家族成員。這件事讓這對母女有機會一起熟悉網路的世界。一年半後，女兒已經十三歲，成熟到可以擁有自己的帳號，而媽媽也已經熟悉了這個程式的操作，同時完全理解並放心女兒對文章張貼的判斷。這就是利用數位「輔助輪」的絕佳方式，從旁幫助初學者在學習新技巧時感到自信和預防意外。

向孩子學習

無論我們認同與否，我們的孩子就是「數位原住民」，我們必須以誠實開放的心態面對事實。你可以建立一套關於科技的家庭文化，這樣一旦進入了孩子的數位世界，你就不會覺得與他們的科技生活格格不入。

關注孩子的數位生活，和他們共同學習，陪他們一起玩《當個創世神》，或跟他們在 IG 上分享照片。讓他們知道你在線上做什麼，也提供他們有關臉書貼文或 LinkedIn 個資的建議。你不是要變成一個科技專家，而是你必須打開一扇窗，去瞭解孩子對科技的看法和互動方式。

使用程式與軟體的放行

你不必對線上世界無所不知，如果你孩子要求要下載某個程式來用，請依循下列步驟進行評估。

一、積極面對

請孩子告訴你，他對這個程式瞭解多少，為什麼想安裝（當然理由不包括「我朋友都裝了這個程式。」）這個程式為什麼吸引他？他要如何使用？這是一種社群軟體還是遊戲？有多少個資會被分享？使用者在這個空間做些什麼？它帶給使用者哪些感覺？作為下載或購買某程式的前提，你和你孩子都必須理解這個程式的優缺點。

你可以徵詢專家建議。這個專家不一定是特定對象，也許是某個年紀大一點的孩子、保姆，或是你還在念大學的姪女。找個比你孩子大上幾歲的可靠成年人，實際去理解使用的狀況。你也可以查詢如 raisingdigitalnatives.com、CommonSense Media.org. 等網站和其他線上資源。

二、深入探索

跟孩子一起操作這個軟體／程式，充分瞭解孩子希望進入的世界。你也可以單獨進行探索。

- 如果是遊戲：在不購買的情況下，先研究這個遊戲的內容。和孩子一起玩線上試用版、上 YouTube 看解說影片，參考 Amazon 的使用者評價。
- 如果是社群軟體：在 YouTube 頻道查看 Musical.ly，或利用桌電版 IG 或 Snapchat 來研究。試著在上面搜尋「猴子」「小貓」「賈斯汀」或更頑皮的詞彙——你的十二歲孩子可能會搜尋什麼？弄清上面有些什麼資訊，別只因為大多數社群軟體在某處暗藏色情，就假定你的孩子申請帳號時已經做好了準備。他更可能是為了跟朋友在這個空間廝混，而想要有一個帳號。

三、積極參與

經過仔細的研究，如果你考慮放行，和孩子討論以下問題：

- 請孩子讓你看他認為不適當或酷炫的帳號，或者他所理解關於這個程式的評價。
- 與孩子列出在這個平台上該做和不該做的事。
- 用社交媒體與人連繫有哪些規範？
- 有哪些情況可能惹來紛擾？請他說明如何避免。
- 你允許他花多少時間在上面，以及在什麼條件下使用？
- 他如何做隱私設定？
- 和你分享密碼是否是使用條件之一？他是否必須是你的「朋友」，或者允許你「追蹤」他？
- 他如何決定願意分享和不願分享的東西？
- 他是否知道如何避免被程式「地理標記」，從而留下數位足跡？

積極面對，深入理解，然後和孩子開誠佈公地討論，是跟上他所使用的程式或遊戲，以及確保他下載的東西安全有趣的作法。如果這個程式似乎對他產生了負面影響，或排擠掉其他活動（如睡眠、寫作業與家庭時間），你就該重新考慮是否讓他繼續使用。

你不必擁有「社群媒體」碩士學位，也有很多方法可以獲取最新資訊。請家人示範操作他們最愛用的應用程式——或許你可以舉辦一個家庭「展示與講述」會。花點時間陪孩子在應用程式商店逛逛，搜尋能幫你省時省力的「生活科技」。如果某個軟體或遊戲令人感到挫折，傾向於讓你的孩子處於憤怒的情緒之中，你可以和他一起尋求解決之道（或許直接放棄不玩這個遊戲）。或者，只在事後有機會發洩情緒的情況下，才可以繼續玩。這是你和孩子討論數位議題的機會，同時也能讓全家人參與玩樂！

請他們幫你申請一個推特帳號，以及搜尋並追蹤跟你有關的朋友圈。許多老師稱這種「向推持上的同事學習」的方法為「個人學習網」。你如何為孩子塑造一個個人學習網？請探索能支持你興趣的平台。如果你孩子使用推特或其他社群軟體，你可以幫助他們追蹤推文支持相同興趣的人。

培養數位意識的另一個作法，是用你的名字作為關鍵字上網搜尋。在未登錄時做這個動作，你就能看見別人在網路上看到的東西。另外，你可以用你的名字設定網路警報（試試Google Alerts），如此一來，當你在線上被某人提及，搜尋引擎會讓你知道。事實上，去掌握有哪些關於你的資訊可以在網路上取得，結果或許會讓你嚇一跳，從法院審理程序到你的房價，你的諸多生活細節都可能暴露在網路上。

和孩子一起做這個練習，可以讓他們知道留下數位足跡的風險，也提醒他們那些科技行不通的事。跟孩子一起探索數位世界，讓他們認清潛在的陷阱，以及更重要的，你可以創造一種雙向溝通，讓你孩子覺得跟你是同一國的。因此，別緊張。要理解科技，你不必搞得人仰馬翻，你只需學到足夠的東西，並且實際參與孩子的世界。

保持好奇心

當你開始理解孩子的世界，請盡可能掌握細節。例如，看看你孩子能不能清楚告訴你：哪些平台、網站和應用程式適合哪些不同的溝通和社交模式。

你可以這麼問：

- 為什麼傳訊息是安排計畫的好辦法？
- 用社交軟體溝通，什麼情況下是浪費時間？
- 傳訊息可能會造成哪些衝突？
- 如果你想在某件事上保有隱私，可以在哪裡分享？

想辦法掌握這些顯而易見的細節。你可以跟孩子宣稱——你只是在做研究。

切莫驚慌

無論你孩子在線上或下載應用程式做些什麼，情況可能沒有你以為的那麼糟。那麼，那些你從新聞或朋友群裡聽到的事又是怎麼回事？我們都聽說過網路、社群媒體和智慧型手機正毀掉我們的孩子這類可怕故事，好消息是，孩子比你以為的更能控制自己。的確，他們需要協助與引導，但他們通常能夠明辨是非。

我們來看看孩子們認為的「友誼」概念：我曾和一群三年級孩子對談，他們認為的「好朋友」應該具備：一、心腸好。二、相處起來舒服。三、值得信任。四、一起玩很開心。而當我問他們，要成為一起打電玩的好朋友，需要符合哪些條件，他們也有類似的回答。

孩子知道他們想當個什麼樣的人。我問他們，什麼事會使某人成為一個「不好的電玩玩伴」，他們提到了作弊、破壞你的創作，以及輸不起。這些意見顯示，孩子知道他們在追求什麼。此外，現實生活中的友誼經驗，也讓他們建立起對數位互動的標準和期待。出乎意料，他們很清楚安全的重要性，例如當有陌生人要求和他們一同打電玩（在多人連線伺服器和網路平台），他們不會說：「我爸媽說我不可以和陌生人一起玩。」因為那擺明洩露了他只是個小孩子！另一方面，有些孩子比別的孩子更善於維持適當的界限。

安全遊戲

如果你的孩子和不認識的人玩線上遊戲，你必須重申他必須遵守的規則，並叮囑他遊戲所涉及的社群互動。無論是《當個創世神》等線上遊戲、PlayStation 或 Xbox 等遊戲機系統，或是某些遊戲平台，在上面的使用者都能隨時聊天和連線。你的孩子不應該洩露真實姓名和年齡。你知道，很多人都能在遊戲空間隱密地聊天，而在某些系統中，你可以從「所有人」「朋友」或「無人」等選項來選擇你想聊天的對象。

在你閱讀本書的當下，書中所提供關於不同遊戲系統的資訊很可能已經過時了。所以我強烈建議：一、跟那些和你孩子使用相同系統的家長，或是他們的孩子也玩遊戲、而知道該留意什麼的家長談談。二、搜尋最新的電玩遊戲，以及特定系統或遊戲的文章。三、陪孩子一起玩，至少在房裡陪伴他，遊戲的聲音能讓你知道他在跟誰互動。提供孩子一些實例，告訴他在遇到某些狀況時必須立刻來找你（也就是說，玩遊戲時有人問到私人問題、希望碰面或使用威脅性字眼）。

總而言之，盡量觀察孩子的遊戲經驗。玩遊戲讓他變得生氣蓬勃，還是感受到壓力？這個遊戲可以支持他的興趣和友誼，或者對他造成妨礙？如果某個辦法對你的孩子或家人不管用，就和孩子一起找出解決之道。

如何做決定

你是否覺得自己好像孤伶伶地做出這些與數位世界相關的決定？別害怕跟其他家長討論，先從你熟悉的人開始。不過，我鼓勵你也和那些你不太熟的家長聊聊，他們的看法會讓你獲得社交同溫層以外的觀點。開誠佈公跟別的家長對話，不要帶有成見。

在你準備好讓孩子積極參與線上活動之前，你可能覺得讓孩子做某些事（無論是擁有智慧型手機或設定 Instagram 帳號）彷彿某種陰謀。你希望能按自己的步調引導他們，而非感覺像個局外人，或者讓他們落單。

我建議你可以以「養育數位時代孩子的挑戰」為主軸，和其他家長建立一個共同社群，先從討論群組、臉書或其他平台著手。先跟容易管理的一小群朋友討論，接著將群組擴展開來。你可以發送以下邀約：「我在邀集一場關於孩子與科技的討論，希望您能參與。」將問題發佈在群組布告欄，或回答其他成員的問題——我發現這個策略非常有效。

涉入社群媒體

社群媒體就是一座遊樂場：每個人同時在說話，而且玩得很開心。對孩子們來說，傳訊息就像講電話，只不過更加方便，而且比較不具強迫性。至於線上遊戲，當然也跟桌遊一樣好玩。身為家長，你可以對上述想法抱著批判態度，或者，你可以視之為一個平行世界，但說到底，這個世界的核心依舊是與他人進行連結和溝通。

不妨這樣看待孩子的螢幕時間：「他們想跟朋友連繫」而非「他們想玩電腦或上網。」電腦的重要性比不上目的，你的任務就是忽略電腦或平板這些裝置，幫助孩子們成為一個更好的朋友、更好的公民和更好的人。

別想一次學會所有東西，設法一次學一樣。目前最有用的是學學Snapchat或Instagram，或許研究一下隱私或個資設定和大頭照功能。不要心急，按部就班去理解。

集眾人之力

如果你實在沒能耐陪孩子探索社群媒體或遊戲沙盒，你可以求援。你有沒有剛從大學畢業的同事或公司的實習生？他或許能讓你加速學會基本的線上技巧，奠定基礎。再者，你有沒有在公關公司或社群媒體上班的姪女，或者，你家族裡的年輕朋友中，有沒有就讀高中或大學的重度遊戲玩家？如果你的孩子迷上Pinterest或Tumblr，你沒有沒姪子或外甥女可以督導他？這些朋友家人都是很棒的資訊來源。

視你的信任程度，你甚至可以邀請家人或親近的朋友進入線上世界陪伴你的孩子。舉例來說，如果你允許你十三歲兒子上Instagram，你可以讓他知道他二十三歲的表姐也在上面，而且應你要求追蹤了他。當然，你可以自己上Instagram，只不過我猜表姐會更比你更熟門熟路，更能看出端倪！

即使你找不到人陪你兒子在社交平台上消遣，指定「監護人」也可行。請某個值得信任的成年人稍微看顧一下你孩子在線上的活動，這樣你多少能知道他在上面做些什麼，掌握他的行為。

付諸實行

和其他家長分享你所知道的事，以及你需要學習的事。不必過度著重某個特定應用程式，而是專注於經驗和互動的範疇，例如**內容消費** vs. **內容創造**。某種程式對孩子會產生什麼樣的吸引力？這種裝置帶給孩子哪些驚慌或混淆的負面經驗？是否有過不好的使用案例？

同理，對程式或裝置的掌握也許是更大的挑戰。但我們不應抗拒科技的進步，反而應該深入探索。問問那些比你孩子大個一兩歲（或更年長）的孩子家長，在他們孩子的數位生活中，有哪些狀況令他們吃驚或猛然醒悟。

最後，你可以直截了當詢問你孩子和他的朋友，像請教專家一樣請教他們。買些點心，組成一個焦點團體，請他們告訴你關於某遊戲或某社群網路上會發生最好和最壞的事。孩子喜歡談論自己的世界，如果他們認為你真的感興趣，他們絕對願意開口暢談。

現在你已經自我評估了對科技的看法，讓我們重新設定這些觀念。是時候成為「螢幕智慧家長」了，不要害怕，你已經被授予能力來處理科技問題。這樣的家長才會對自己並非無所不知感到自在，隨時願意投入學習，瞭解科技帶來的風險，同時也能掌控科技。

請為成為一個「數位原住民家長」做好準備，讓你孩子成長為一名充分理解數位環境的好公民！

4 當一個科技正向家長

看看四周，你會發現科技正在入侵這個世界。餐館裡，鄰座一家人用科技讓孩子保持安靜；你念四年級的兒子在校門口下車時，很難不注意到五六年級生不是聚在一起聊天打鬧，而是專注盯著手機，臉上帶著早熟的愁容。每個人似乎都在迴避彼此的相處。

我們如何能從即時全球通訊所提供的機會中受益，而非只是因此知道朋友穿什麼、吃什麼或去哪兒度假？本章提供的方法讓你和家人能夠積極運用科技，並且營造合適的界限。善用科技將使得家庭關係變得緊密，鼓勵孩子從以螢幕和科技為基礎的活動轉向跟世界互動，以及面對不盡然適用的應用程式時，能更加地足智多謀。

在論述嚴謹的《破解 APP 世代》（*The App Generation*）一書中，教育學教授加德納與媒體學者戴維斯概述了他們以青少年和幼童為對象的研究，並藉此觀察人與應用程式的關係。[1] 在應用程式的介入下，生活的改革（想想文件拼字檢查和地圖路線規劃）既明顯又微妙。加德納與戴維斯說，孩子以兩種方式透過應用程式與世界產生關聯，而我們希望他們可以「因使用軟體／程式而被賦予能力」，而非「依賴軟體／程式」。[2]我們應該鼓勵孩子超越軟體／程式賦能的生活，進而利用科技解決問題。

如果你不只是協助孩子運用科技，也能協助他學會何時使用及找到最佳的用途，你就是在投資孩子的未來。如果你的孩子能利用科技支持自己想做的事，而且知道什麼時候該與人面對面接觸，什麼時候又該找尋其他解決之道，那麼他們就能為應付科技生活的挑戰做好準備。

然而，數位公民權不只關係到科技運用——而那正是你需要介入的地方。首先，你必須做好準備，在尚未充分體會科技的正向價值之前，你是無法從中汲取科技的豐富潛能的。因此，你需要成為一個對科技抱持正向態度的家長。

作為一個對科技抱持正向態度的家長，應該具備哪些特質？

- 他會創造一個科技正向環境，包括經過規劃的不插電空間和場所。
- 他會考慮與裝置的關係，並且明白他的行為可以為全家人定調。
- 不管線上或離線環境，他在與朋友、同事或孩子的老師的相處上，會成為一個禮貌得體的楷模。

- 他創造並遵守清楚明確的界限，正如同他希望家人也能遵守。科技時間與不插電時間互不干擾，保持平衡。
- 他教導與示範在數位世界對他人界限的尊重，在分享或貼文之前徵詢許可。
- 他促成數位倫理，提醒你在網路上自吹自擂或者盲目追隨別人，浪費了連線這種寶貴的禮物。
- 他運用科技的力量，對世界產生正面影響。

不要假定最糟的情況

身為家長和督導者，你必須為孩子的線上活動定調，並為孩子創造一個合適的離線和線上環境。要達成這個目的，你可以先假設孩子們想做「對」的事，只是未必知道該怎麼做。這個假設能開啟孩子暢談數位世界的管道，包括在社交互動和遊戲中所遇到的挑戰和挫折。

在我針對數位家庭案例的研究中，一旦涉及孩子「濫用」科技，這種事往往帶給家長和教育工作者排山倒海的負面感受，我將之視為「科技正向教養」最有害的阻礙。開放性的溝通管理是維持健康親子關係的關鍵，當我們假定孩子具備不良意圖，那麼溝通的大門便猛然關上了。即便你只是保守預設孩子使用科技是在「浪費時間」，這種心態也會讓對話無法順利開展。

如果老師家長願意假定一種最好的情況，才比較可能跟孩子深入地溝通。一般來說，孩子的心態總是基本而單純的，他們只是想和朋友保持連繫、找尋志趣相投的同伴，溝通身分和情感。科技固然為這些自然欲望增添了複雜的層次，但這並非他們需要你引導的原因。聽來或許有點怪，事實上，他們往往希望得到你的協助。

有策略的討論

創造並支持一個充滿正面語言和價值觀的網絡環境，會對孩子產生莫大的影響。線上社群或許會讓一個「非數位原住民」感到陌生，但它確實非常類似於所謂的真實世界。如果你能教導孩子以正面心態參與數位世界，這些態度將延伸到他們在家、在學校及在其他地方與人的互動。

通常，你應該用正面態度去建立孩子對事物的印象。與其對孩子說：「你的貼文真是刻薄！」不如說「你是個好孩子，也是一個很棒的朋友。而且，這都可以反映在你的貼文上喔。」如果你試圖糾正某些嚴重問題，正面的肯定法不太管用，那麼無妨訴諸直接的批評。你得視情況選擇不同的教導策略，但一開始先讚美他們的良好作為，通常比先批評他們的失當來得有效。

螢幕智慧

現今的孩子所棲居的網路環境，提供了你可以教導孩子的機會。讓他們自發性地對所有媒體內容進行批判性的評估，可以提升他們對事物的識別力。請孩子給你看他同伴寫在臉書上的內容，辨識出哪些是正面的人，同時指出他們眼中負面的人。讓他們自己做判斷，不要替他們「填空」。

這種評估不但會讓孩子學到許多東西，家長本身也可以獲得好處。你可以從這種練習理解孩子們處事的標準，以此作為督導的起點。你會理解他們的價值觀、看法和判斷事情的準則。我常跟許多七年級孩子進行訪談，我可以告訴你，孩子通常對他們的同伴有著高度的批判性。當然，我們希望孩子們有自己的分享原則，但也該留意他們的批評是否過於苛刻。我們顯然不希望孩子傷害到別人，或以負面字眼去稱呼別的孩子。

這裡要取得的平衡點是，我們想教導孩子自己做判斷，也想幫助他們減少對別人的批評。身為家長，切莫用嚴苛的標準去評斷網路上的照片。也許你會想，「這張照片裡，他似乎想成為一個罪犯？」然而好一點的說法是：「他想給人什麼印象？」你應該讓你孩子自己辨明這種印象是怎麼產生的。

你當然可以告訴孩子，分享這類照片不是個好選擇，但請勿在他面前批評別的同伴（或別的家長），而是以釐清界限、具同理心的方式跟他們討論照片會呈現的陷阱。例如你可以說，「有些人很需要得到別人的關注和回應，所以才會貼出這麼不適當的照片。」

經驗是線索

某些情況下，孩子能夠承擔在數位世界所犯下的錯誤，有時處理的過程也是一種經驗。舉例來說，某人分享了讓別人感覺冒犯的東西，結果引發群情激憤。在這種情況下，家長大可不必將事態嚴重化，而是去引導孩子怎樣跟朋友和好，對事情才有幫助。

有一回，某所學校發生了一起事件：五年級學生涉及有計畫的裸照交換（是的，這種事發生在這麼小的年紀！）為了處理這個嚴重的問題，校方請我擔任顧問，還考慮讓所有轉發影像的學生都休學。在這起事件中，十一歲的照片主角承受的壓力可能超越他所受到的懲罰。我認為與其處罰學生，不如教導他們不應該轉發這類影像，特別是在未經照片主人的同意下。那些惡意轉發照片的同學應該承受某種後果，但即使對這些孩子來說，施以反省教育和督導，才能提供他們改變行為模式的機會。

你如何跟孩子談論犯了錯之後的結果，並為他們所引發的事端做好準備？請著眼於一個事實：你孩子想當一個好朋友，以及被視為一個好朋友。問問他：一個好孩子或好朋友會做些什麼？如果你是老師或學校行政人員，而你所有的政策聽起來都像在監控孩子，假定他們會做出糟糕的事，那是什麼感覺？就好比公司監控你的電子郵件，你做何感想？理想上，學校和家長都應該以正面態度來制定規則。

螢幕時間之外

如果我們將科技運用一概歸類為「螢幕時間」，就可能無法區分「創造」與「消費」的差異。的確，科技使用屬於一種「連續體」概念。例如，看電視節目是一種被動的消費，但在 YouTube 上觀賞「如何玩《當個創世神》」影片呢？而製作一段「如何玩《當個創世神》」的 YouTube 影片呢？大部分內容都是重新張貼的 Tumblr 部落格又如何？具備原創作品的 Tumblr 部落格（或任何部落格）呢？這些全都是這個「連續體」運作和參與的一環。

對許多人而言，社群媒體（主要）是一種消費——我們觀看照片和影片，或是點朋友家人分享過來的連結。但對某些人來說，社群媒體是一種創作的出口，可以用它來製作內容、展現創造力、獲得回饋及分享或學習，這些都是無異於類比世界活動的寶貴經驗。

因此，並非所有螢幕時間的意義都相同，讓我們以不同方式來思考螢幕時間的概念，至少摒除掉某些絕對或不容變更的限制。舉例來說，你的孩子也許利用 GarageBand 軟體創作歌曲，或者，他只是狂看 Netflix 追劇？追劇自有它的功能（例如你感冒無法外出，或者作為一種家庭活動），但我會為兩種迥異的活動設定不同的時間限制。

要幫助孩子從消費者轉為創造者，方法之一，是建議他們以最喜歡（或最不喜歡）的表演當作範本，創作模仿的作品。或者，你可以鼓勵他們利用 Book Creator 軟體製作一本自己的書籍，或使用簡單的影片編輯軟體錄製自己的表演。

與孩子分享「歸屬」某個社群，以及對某個社群「作出貢獻」的概念。所有你想的到的嗜好都可以找到分享的社群，包括編織、烹飪希臘菜、玩《當個創世神》等。你能為這些社群貢獻什麼？身為督導者，你可以建構一個參與數位或真實社群的健康概念——那就是數位公民權。

教導孩子善用網路資訊

如何引導孩子善用網際網路來創造的大量可能性？這有賴於身為家長和督導者的我們，以有意義的方式為孩子引介參與其中的機會。帶孩子翻翻外文報紙，或建議他們搜尋一篇跟自己不同觀點的文章。去見識你所不贊同的東西，是學習同理心和尊重他人的好方法。讓孩子知道接觸不同的看法，並不代表必須改變自己的想法——那不是重點。藉由這些作法，你可以為孩子開啟不同意見的窗口，對幫助他們形成自己的意見極有價值。

另一個點子是，讓全家人共同規劃即將來臨的假期。四年級的兒子可以調查目的地附近的博物館或自然徒步區，六年級的女兒可以計算里程數，編列旅途所需的汽油預算。家裡每個人都可以負責規劃一部分的旅遊路線，沿途找尋好玩的地點停留。或許你孩子會想為這次旅行製作一個部落格、Tumblr 或社群媒體串流，也是意想不到的收穫。

觀眾的力量

科技促成的分享最令人興奮之處在於：數位作品能傳達給更多真實世界的觀眾，而且線上觀眾人數不需要多——事實上，可能相當少。重要的是，這些觀眾對我的計畫或完成過程感到興趣。

這類創作付出的努力，遠勝那些不需動腦的消遣。或許你女兒正在學寫作，藉由一批數量稀少卻熱切回應的讀者的支持，利用數位空間磨鍊技藝，這是多麼棒的寫作方式！或許你建立了一個專門討論收養寵物或 DIY 食譜的部落格，只有十二個人在讀，但他們都很感興趣。

為了某一群特定觀眾而努力創作，跟被老師規定寫學校的英語作業，是截然不同的體驗。對孩子而言，相較於撰寫只有老師才看的報告，能夠創造跟同學朋友分享的內容實在有趣多了！而到了高中（或更早），這些作品可能就成為公開數位文件夾的內容。

鼓勵合作

「創造內容」對孩子而言是個很棒的練習。數位創作的優勢就在於，它是一種促進合作的工具。但是，你的家庭如何利用這種工具？你也許早就在辦公室跟同事在線上合作某些計畫，那麼，何妨也在家裡試試？你可以傳授關鍵技巧給你的孩子。

創造可分享的 Google 行事曆是最簡單的作法。練足球、跟玩伴約會、募集資金、排練學校戲劇——有時候，我們的生活彷彿就是從一個活動轉換到另一種活動，因此，分享行事曆的練習，可以教導孩子負責任、承擔和時間管理的技巧。你也許不用立刻賦予孩子在共用行事曆上的編輯權限，但你可以和他們一起安排實際可行的時間表。等孩子上了高中，就可以（或者應該）規劃自己的行事曆了。

從遊戲中獲得更多

玩遊戲是凝聚家人情感的有力方式。傳統桌遊固然是一種老傳統，互動式數位遊戲也一樣擁有強大的潛力。為了讓孩子有興趣參與，你可以每週指定一天作為「家庭遊戲夜」，全家人輪流玩不插電和插電遊戲。記得讓你的孩子引導你進入他最喜愛的遊戲，同時也投入你所喜歡的活動。你會發現《割繩子》（Cut the Rope）、Agar.io 或《當個創世神》可能比你預期好玩得多。

玩遊戲也能提升創造力。因此，你可以鼓勵孩子設計新的遊戲，或改良已經在玩的遊戲。至於那些還沒準備好實際著手設計的孩子，你可以請他們用紙筆畫出動作的原型——這是讓他們思考改良生活科技的好方法。

請孩子教你玩他們的遊戲，有時陪他們一起玩，在遊戲中合作，對家長有許多看不見的好處：參與孩子的遊戲，觀察他們跟別人的互動，你才有機會認識他們的世界。你得親自體驗。當然，你需要花時間學習足夠的技巧，才能加入他所熱衷的遊戲。依據我的經驗，投資這個時間非常值得。親自參與孩子的遊戲所能獲得的深刻理解，簡直是其他作法無法取代的。

好比你孩子會下棋或玩曲棍球，而你不知道怎麼玩，那麼你就應該去接觸這類遊戲，以體會他們的經驗。數位遊戲也一樣，去玩玩《當個創世神》吧！先用「生存模式」來瞭解基本規則，而如果你想看孩子打造的數位世界，就試試「創造模式」。有時陪孩子打電玩並且藉機觀察他們，你會看出遊戲世界有哪些風險。

「互動式遊戲」有不少好處。孩子在遊戲中可以學會解決衝突、評估隊伍的強項，以及如何分配勞務。某些遊戲中，他們會按隊友的專長分配角色。你們一起玩過《部落衝突》嗎？和你的孩子隸屬同個部落意味著什麼？

當然，多數家長最大的憂慮，來自於我的孩子跟「陌生人」玩互動式線上遊戲。理想上，十二歲及十二歲以下的孩子應該和認識的人一起玩。有些學校或家庭群組架設了私人的《當個創世神》伺服器，因此家長不必擔心孩子跟不認識的成人互動。如果架設這類伺服器對你來說有困難，你可以尋求學校（或當地大學）的資訊人員，請他們推薦幫得上忙的高中或大學生。其實架設一個私人伺服器並不難，但換來的安心絕對值得。

有時候，孩子在遊戲中的動態會外溢到其他領域中的互動。課堂老師告訴我，孩子將玩遊戲的社交圈擴展到先前和他們毫無交集的朋友。也就是說，玩遊戲開啟了他們交友的新管道，這屬於正面效應。

另一方面，四、五、六年級老師分享了班上孩子在玩遊戲時發生的衝突，這些衝突也可能延續到上課時間，有時持續一整天。雖然高年級小學生能夠且應該學會自己處理人際糾紛，然而玩線上遊戲造成的衝突已經在上學日發生，所以你必須和孩子的老師保持連繫。你應該支持孩子在社群中的互動，尤其當它影響到別的領域（如學校）時。

有位老師說，他找那些熱衷玩《當個創世神》的孩子家長來會面，某些家長對被叫來學校感到憤怒，他們認為玩遊戲是孩子的私生活。如果你是這種家長，請對老師和顏悅色，因為這個老師很可能發掘出上課時間不會出現的社交督導機會。另外也請留意，即使你的孩子適應良好，在這團混亂中，可能有比較脆弱的孩子需要幫助。

和小玩家聊一聊

兩名五年級男孩強納生和艾略特花了一整個下午向我說明，他們與在公共伺服器上玩的《當個創世神》和其他遊戲的關係。有個孩子忙著在遊戲中的領土打造公園和建築物，他對遊戲選項和各種模式運作的熟悉程度令人咋舌。一個讓你擁有極大控制力的「世界型」遊戲，對兒童和成年人來說都極具吸引力。

這兩個男孩和他們的家長都覺得，玩遊戲的效應幾乎融入友誼、家庭作業、家庭生活和睡眠之中。艾略特的媽媽說，艾略特的遊樂時間取決於他是否完成了應該做的事，例如他必須做完功課、處理雜務和負起其他責任之後，才能開始玩遊戲。讓我印象深刻的是，男孩對於他們所累積的知識和技巧，以及對一起玩遊戲的伙伴所流露的驕傲感和歸屬感。

應用程式的選擇標準

瑪莉娜．貝爾斯（Marina Umaschi Bers）是塔夫茨大學（Tufts University）教授和遊戲研究者（她也發表了精采的 TED 演說）。[3] 我特別欣賞她關於「遊樂場 vs. 遊戲圍欄」的概念。我自己在選擇遊戲軟體和要跟兒子分享的經驗時，會用到這個比喻。我喜歡能促進創造力並具備開放性的遊戲，也贊成貝爾斯所指出的，許多遊戲圍欄式的經驗（如「閃示卡」軟體）雖然無害，卻無法提供孩童透過冒險來增進自主性與精熟程度的成長機會。4

教師（包括許多家長）理所當然樂見孩童學習寫程式，如Scratch（專為幼童設計）和Codecademy的資源中就有大量的指導課程；讓孩子學寫簡單的程式，就像提供了一塊空白畫布，讓孩子有機會盡情創造和探索。貝爾斯認為「寫程式是一種新素養」。此外，我們應該在孩子年齡還小時就展開STEM（科學、技術、工程學和數學）教育，在孩子被判斷在STEM領域是「好」或「不好」並內化成刻板印象之前。

遊戲圍欄意味著將孩童限制於小範圍或界限清楚的活動，如此雖然隆低了風險，卻也限縮了學習。數位媒體環境（如《小小大星球》（LittleBigPlanet）或《當個創世神》等遊戲）像一座遊樂場，存在著不見得輕鬆的合作機會。在這些遊戲中，孩子可以打造自己的世界，決定怎麼玩遊戲。就像真實的遊樂場，這些數位遊樂場也承擔了一些風險，包括挫折、失望及與別的孩子的負面互動，但同時也提供了正面挑戰和學習的潛力！

允許孩子造訪數位遊樂場，意味著你得放棄一些控制權，不過回報總是值得的。運用上述比喻，該如何選擇應用程式和媒體內容？

- 選擇可以鼓勵孩子與他人建立連結的應用程式。
- 選擇可以鼓勵孩子合作解決問題的遊戲。
- 找尋可以鼓勵孩子創造、而不只是玩樂的遊戲。許多遊戲都能讓孩子創造和定製角色、關卡或環境。
- 盡可能選擇能建立同理心的遊戲。
- 試著選擇不過度性化女性角色和化身的遊戲。

那麼，如何找到上述類別的遊戲？首先，你可以請教年紀較大的孩子，哪些是比較有益的遊戲，請他們說明原因。我發現六年級學生對於某個遊戲對二年級生來說是否合適，有著強烈的意見！再者，可以參考如「酷媽科技」（*Cool Mom Tech*）、艾美・克雷夫特（Amy Kraft）的「媒體通心粉」（*Media Macaroni*）和「電腦玩家老爸」（*Geek Dad*）等部落格的分享資訊。如果你想觀看以適切語言解說《當個創世神》的影片，可以參考一個由孩童共同籌劃的優良網站：正向的《當個創世神》影片（cleanminecraftvideos.com）。

你有多想限制他們？

簡單來說，孩子可能沉浸於遊戲世界及其中的互動，因為遊戲的誘惑是如此巨大，孩子往往為之著迷、上癮，或者失去判斷力。因此，毫無疑問，這樣的沉迷很容易造成家庭摩擦。

我們對小孩在科技使用的限制，包含了「時間限制」和「內容限制」兩種形態。前文已經談過「螢幕時間」的限制，但當你覺得特定軟體或遊戲內容不適合孩子，該怎麼辦？我發現，家長本能地會設法控制裝置的使用，例如透過密碼或安裝「保姆程式」來達到目的。雖然有些行動裝置的確能被設定成只出現特定的內容，但請不要太依賴這些自動化的控制，因為它們是不能防呆的遲鈍工具，而且可能會阻擋掉某些好的內容。

與其封鎖那些令你擔憂的畫面，不如讓孩子在遊戲中進行創造性思考和社會批判。以《俠盜獵車手》（Grand Theft Auto）為例，問問孩子，為什麼他們認為玩一個偷車遊戲沒有關係？或者，你先採取一個立場：相信他們知道「偷車是一件壞事」，那麼你或許就能理解，能假裝做一件這輩子從來沒做過的事，是一種很好玩的體驗。這些都是可以和孩子展開對話的素材。

試著去瞭解不同遊戲的樂趣和挑戰，你真正要做的，是盡可能降低對限制機制的掙扎。當你瞭解孩子的動機，也要讓他們理解你的觀點，這樣你才能展現更好的立場，不再糾結於是否對他們採取限制手段。

品味與選擇

以前當我媽不欣賞我熱中的某樣東西，就會這樣形容我：「對腳趾甲津津有味」。有鑑於我的確著迷於許多糟糕的電視節目，我無法怪她這麼批評。身為家長，我們可以試圖影響孩子對媒體、書籍或食物的看法，但最終無法控制他們的品味。以下有些避開「芭樂媒體」的方法可以用來培養孩子的批判性思考，而不會損及他們的選擇權，或貶抑他們喜歡的事物。

當孩子年紀還小，你是最有機會影響他們的人。你喜歡《大青蛙布偶電影》（*The Muppet Movie*）嗎？他們可能也喜歡。喜歡披頭四？強尼・凱許？瑪丹娜？這是你引領孩子入門的機會。利用 Netflix、iTunes 和 YouTube，把我們過去覺得很棒的東西介紹給孩子。當民謠歌手皮特・西格（Pete Seeger）去世時，我兒子難過得不得了，而他同學聽都沒聽過這位偶像，讓我兒子吃驚不已——這真是家庭成功潛移默化的例子！

要跟得上目前最流行的兒童節目、軟體和遊戲，需要付出許多努力，而你大可讓別人替你做這件事——只要追蹤那些為孩子嚴格評估軟體、節目和遊戲的部落客就可以了。我喜歡「媒體通心粉」（mediamacaroni.com）和「電腦玩家老爸」（geekdad.com），此外還有許多很棒的部落格也提供了豐富的資訊。你甚至可以建立一個自己的部落格來分享資訊！

利用媒體和社群資源來幫助你評估哪些應用程式最好用，哪些最不妥當，會讓你事半功倍。即便網路上的垃圾資訊的確不少，但一定會有些真正的好東西。

提供機會給面臨社交挑戰的孩子

儘管社群媒體的環境非常複雜，這類平台確實為那些有特殊需求或社交挑戰的孩子提供了幫助。社交孤立的孩子能從在線上分享興趣的社群中找到彼此，達到真實世界難以觸及的連結。社群媒體具有非同步和表述行為的本質，讓孩子有更多時間展現自我而不感到尷尬，也讓那些難以融入同儕的孩子提高了自信。透過社群媒體和數位工具，你可以：

- 跟其他家長和家庭分享經驗和網絡。
- 使用 Meetup（或類似空間）協助孩子找到分享興趣的社群，如遊戲、嗜好和手藝。別忘記陪孩子共赴線下約會，當然如果你的孩子年紀很小，就連線上約會也少不了你的陪伴。
- 為有特殊需求的孩子找尋應用程式。對於有特殊需求的家庭，Choiceworks 是一個高度客製化的軟體，能幫助孩子查看清單項目。有些孩子喜歡抹除清單上已經完成的任務。如果家裡有懶散的小孩或獨立自理的小孩，這類軟體很有幫助。
- 要求老師拍攝孩子的活動照片、影片或錄音，作為記錄。也許老師不一定願意這麼做，但這是你能認識孩子世界的方法，尤其如果你的孩子不擅言詞。

社群媒體對有特殊需求的孩子家長形成了某些特殊考量。舉例來說，當你女兒三歲時，在社群媒體上公開孩子的診斷書，似乎是一種獲取支持的好辦法，然而等到她二十歲要參加求職面試，她可能就不喜歡這種公開性了。

具備螢幕智慧的家長？

我希望能幫助你重新建立觀點。或許你已經自詡是一名「科技正向家長」了，那麼本章內容可以協助你站穩立場。或者，你對孩子沉迷於電腦網路頗感憂心，但你的確想瞭解他們的世界。對「數位互動」這件事改變看法需要時間，你不可能突然做出大規模的讓步。請慢慢調整心態，每天一小步就行，你會比較容易對孩子產生同理心，進一步理解他們的世界。

詢問自己以下問題，作為「科技正向」的自我評估。

- 你是否積極營造家中的科技正向環境？
- 你是否將網際網路視為正面事物，只是要以正確的方式使用？
- 你是否能發揮同理心，盡量不去批判孩子對科技的使用？
- 你是否以身作則，為家人示範負責任的裝置使用？
- 你是否利用科技提供創造的機會？

- 你是否和你孩子一樣，會玩某些數位遊戲？
- 你在家裡對上網的規定，是否同時適用於你和你的孩子？
- 你是否設定了上線和不插電時間的清楚界限？
- 你是否不再掙扎於是否要對孩子上網的時間和內容做出限制？
- 你是否在張貼孩子照片之前，取得他們的同意？
- 你能否證明、甚至理解連線的真正潛能？
- 最終，你是否用科技對世界造成正面的改變？

評估過自己的數位素養之後，請儘速將你在本章學到的東西付諸實行。

5 同理心 APP

既然你是一名對科技抱持正向態度的家長，我想你已經準備好成為一個媒體督導者。具體來說，這是什麼意思？你在支持孩子的時候，如何忠於自己的價值觀，並且不再對他們玩電腦感到憂慮？

本章中，我會說明如何利用好奇心和你的人生智慧，來展現對孩子和其他孩子的同理心。這並不表示，你得放任孩子做他們想做的事，事實上，你應該從連結的觀點，做出對你家庭生活有意義的決定。

好奇心是關鍵

首先，讓我們保持**好奇心**。想想你孩子或家族裡的每個孩子，以及他在平日裡的某一天所有該做的事。想想他的上學日、家庭作業、放學後的活動、家庭時光、日常雜務、他所參與的社群，以及他需要練習的課程（如樂器和體操）。然後再想想電腦手機或連線，如何在他的一天中進進出出。

快速評估一下，你都看見什麼？你孩子是否在你醒來之前，一早就開始上網？他是否剛走出學校就查看群組訊息？他是否在走路回家途中用手機打電話給你？想想這些時刻的目的。傳訊息是不是他和沒碰面的朋友的連絡方式？看電視是否是他的放鬆方式？有時這些作法並不能達到孩子希望尋求的結果。對於下班時間使用社群媒體互動的大人來說，情形不也是如此？大人未必總因此而獲得放鬆。

另一個問題是：孩子想從事的活動，是否吸引力大到足以成為他清單上的第一要務？舉例來說，社交軟體或線上遊戲讓你孩子著了迷？或許你對此感到挫折，但說到底，你必須瞭解他們的動機，才能真正對他的世界感到好奇。這能讓你處於督導孩子的有利立場。

動機與環境

正如你的生活，孩子的生活同樣充滿了社交和身心壓力。有些孩子比別的孩子應付得更辛苦，而且每個孩子的壓力各有不同。舉例來說，如果你知道你孩子從未在過於短暫的午休時間吃完他的午餐，那麼你就應該想到，他是餓著肚子精疲力盡回到家，或者趕赴課後補習。自我意識較高的孩子可能會理解到這件事，但年幼的孩子或許不明白自己又累又餓或是需要幫助，因此會做出不當的決定。當你處於飢餓狀態，大份量的不健康點心肯定變得很有吸引力。一如現實世界，一旦你精疲力盡，就很難在數位活動中做出清醒的選擇。

當你回顧孩子一整個禮拜以來所有的科技運用，或許會發現某些令人畏怯的事。你可能同意女兒玩《當個創世神》，但不喜歡她沉迷看 YouTube 的習慣。你或許欣慰兒子在 Google Hangouts 上參加讀書群組，但無法忍受他最愛的 Netflix 節目。

請坦承這些憂慮。比方說，當你女兒開始想要吸引男孩的注意，並為此感到興奮緊張，她會不會默許某個男孩索取暴露照片的要求？她會不會不時發送個一兩張照片，以為這是調情的好辦法？你不必假設最糟的情況，但不要以為不會發生。許多孩子單獨在房間使用電腦時，會做出有人在身旁時絕不會做的事。

大量例子顯示，孩子會做出衝動的選擇。高中生傳送色情訊息的事件司空見慣，幾乎每個高中社群學生的手機裡都存有裸照，好比說科羅拉多州卡農城（Canon City）高中生群組廣泛分享裸照和色情影像早已成為主流新聞。[1] 卡農城的學生接受訪談時表示，分享自己和同學的裸照很「正常」。嗯，請先不要過度反應，也不要覺得噁心，試著想像如今的高中生活。現在的高中生將發送裸照作為調情和約會的一部分。你確信你以前不曾嘗試過？

你大可嚴重抨擊，當然，要限制或禁止他們做某些事沒問題，畢竟你是家長，但請試著瞭解孩子的動機。一旦你能理解他們做某些事的緣由，你將更有能力督導他們。

塑造同理心

首先，你得先有同理心。身為家長，對小孩子，我們應該比平常對自己更體諒，甚至需要對共同撫養者和其他家長抱持同理心。在這個瘋狂世界養育小孩著實辛苦，我們往往急於批評自己或他人，無論是那些在遊樂場盯著 iPhone、而非深情凝望孩子的母親，或者塞給孩子不適齡手機的父親，又或是幫孩子準備草率便當的長輩。

我們需要對他們做選擇的脈絡產生同理，也許那位父親家裡有人生病，或者工作面臨危機，而那位母親正在跟孩子的社工講電話。你不一定清楚別人家發生了什麼事，而且可能無法處理好這些狀況。像我自己就曾經歷造成壓力的搬家、轉學、財務困難和轉換工作，我們的家庭情況並不像別人以為的那麼安定健全。在當下，請盡你所能當個好家長，並期許往後會做得更好，全力以赴。想想需要發揮同理心的各種面向，我們需要培養：

- 對其他家長的同理心
- 對孩子的同理心
- 對老師的同理心
- 對自己的同理心——家長難為！

當我們提醒孩子，在老師的下班時間，不要用不必要的連絡造成老師的負擔，這樣就是在塑造孩子對老師的同理心。如果你的孩子沒有記下指派的作業，他可以詢問同學。

最後記得，對你孩子而言，不停在網路上跟別的同伴比較如何享受假期、舉辦生日派對，甚至是家庭狀況，這種持續連線的壓力是多麼難以應付。藉由表明你知道他的難處，來跟孩子站在同一陣線，讓自己成為一個受到信任的督導者。

展現良好行為的機會

當我們還是小孩時，許多溝通是公開或半公開的。舉例來說，我們從家用電話聽到爸媽或兄弟姊妹在講電話，或者在付費的公用電話旁「光明正大」旁聽陌生人對話。我們學會接電話和掛電話的禮儀和分寸。從這些互動中，我們也學會何時不該打電話或接電話。我們得知家裡人使用電話的優先順序，也知道講電話有時間限制，以免佔線造成外人連絡不上家長。這些規則有些很明確，有些則靠自行體會而來。

現在，每個人隨身攜帶手機和平板，我們必須找機會為孩子樹立周全妥善的電話溝通模式。許多數位互動都在隱密的情境下進行，尤其當我們使用私人裝置時。換句話說，當這些活動並非「公開」時，孩子們很難耳濡目染地掌握到關於溝通行為的線索。

甚至，當家長對孩子看似過度公開的數位生活感到挫折，擔心的往往還是它不夠隱密的程度。擁有個人裝置使得分享變得隱密，同時也讓我們忘記，我們正將自己的內心秘密放進與人分享的資訊「串流」中。

回想當我們還是小孩時，朋友打電話來，家長可能會接起電話。我們可以偷聽別人講電話，我們自己講電話也可能被聽到。相對來說，現在讀小學低年級的孩子已經擁有自己的通訊裝置，而五年級就有智慧型手機了。裝置和規則確實改變了，卻不意味著溝通倫理應該混亂失序。我們甚至必須明確的教育他們，因為這麼多的溝通是在個人對個人的情況下進行的。你必須主動引導他們，不能靠簡單明瞭的示範和領會。

以下有一些督導孩子數位溝通禮儀的簡單方法：

- 考慮讓孩子看看你如何及何時利用文字訊息進行溝通。你顯然應該保持某些訊息的隱密性，但分享一些訊息給他們，是塑造溝通模式的好機會。
- 和孩子談談「過度分享」的問題。不光是危險或清楚明確的東西，還有某些無聊的東西！讓他們知道，我們有時會覺得某一類貼文令人生厭，甚至會想取消追蹤某些人。

●給他們看臉書上「懶人行動主義」的實例（人們張貼某些政治主張或爆紅事件，卻不實際採取行動以造成改變），如果我們對自己發表的主題或理想深有所感，那麼除了貼文，我們又做了什麼？如果某件事情真的很重要，也應該反映在我們的離線生活之中。

天天都是照相日

記得學校指定的「照相日」嗎？我恨照相日！照片具備的永恆性令人害怕。我知道爸媽會永遠保存幫我拍下的那張錢包大小的照片，所以我必須設法呈現出好畫面。露出甜美的笑容，穿上適切的衣裳，還有看在老天份上，確保快門按下的瞬間把眼睛睜開！不過，對現在的孩子來說，每天都是照相日。

我們需要對孩子生活感到好奇的事情之一就是：不停拍照是什麼感覺？我們不時會幫小孩照相，然而在我們小時候，多數家庭裡，照相機只在特殊場合出動。你會不會希望在八至十二歲的時候拍了更多的照片？大概不會吧。想想你在八至十二歲期間的「十大尷尬時刻」，想像你的每個缺點都被照片記錄下來。到了國中，擁有智慧型手機的同學們開始不停拍照，任何時刻都可能有人對你孩子按下拍照鍵：在放學的校車上睡著、或許淌了口水；在更衣室換衣服，或其他許多不適宜的時刻。

再者，照片之於小孩和我們有著不同的意義。如今，我們活在更加視覺化的環境。照相機內建於隨時攜帶的手機和平板，可謂無所不在，數位照片的拍攝、貯存和分享所費無幾，孩子可以立即看到拍下的照片，迅速判斷照片的好壞（「不，別寄這張給老爸，寄這張！」）這是他成長過程的一部分。當孩子進入不同的社會認知與自我意識階段，以及當同儕開始拍照，他的照片經驗——他喜歡且希望分享及刪除的照片——意義將再度改變。

現在的孩子期待以照片標誌每個經驗，不過，影像數量的增激同時降低了照片在孩子心目中的影響力。我們苦惱於孩子留下了永恆記錄，卻沒有花上足夠的時間思考一件事：也就是，當我們利用社群媒體牆作為家庭相簿時，有意無意間建立的永恆性與公開性。

要求許可的力量

你是否間接促成照片散播的問題？你是否不停幫小孩拍照，以記錄他們成長過程的每個里程碑？這麼做很吸引人不是嗎？我們想以某種方式保存孩子珍貴的童年，跟過去沒兩樣。但由於照片如今作為一種溝通方式，因此暗藏的複雜層次便提升了。

身為為孩子成長感到自豪的家長，你或許以為你只是單純地分享影像，但你的孩子卻可能有不同看法。你覺得可愛的東西對他們來說或許很要命。我們很容易落入這個陷阱，不過，同理心可以幫上忙。以下是我建議的作法，這些步驟能對你的家庭文化造成正面影響：**在分享照片之前，先徵詢他們的許可**。是的，要求孩子的許可。你這個徵詢的動作會傳達出一個訊息，並且會成就某些重要的事：

- 徵詢的動作，會教導你的孩子：他的影像屬於他自己；並且幫助他認知到：分享是一種選擇，以及有些事屬於隱私。因為你讓他知道這種體貼，也示範了對他隱私的尊重，因此他更可能在分享朋友的照片前，先徵求對方的同意。
- 徵詢的動作教導了一種妥善的界限。讓孩子知道，他可以說「不」，是很重要的。這個舉動創造了一個他得以停下思考的片刻，這個暫停非常有用——我們都能從中受益。

- 徵詢的動作是一種賦能。這麼做會賦予孩子力量，因為要不要張貼照片是他的選擇，而不是你的。這是很棒的贈禮，他會期待朋友也能展現相同的體貼。你女兒會有勇氣說出：「別分享這個！」當有人拍下她的照片，她可以堅持：「在我眼前把那張照片刪掉。」
- 徵詢的動作可以教導孩子自制。在建立尊重的準則之後，你可以督促孩子自我徵詢拍攝或分享「自拍」的許可。社群媒體是寫日誌的一種形式，可以用來記錄當下的感覺和慶祝某些時刻。你並非要限縮這種功能，你只是希望他考慮到可能的後果。

在分享孩子的照片之前先徵詢他的許可，能展現一種尊重的關係。孩子會因為你的示範而瞭解到這種複雜的社會交換，也能瞭解這件事為何重要。和孩子談談你對他的尊重給了他什麼感覺，並且鼓勵他想一想，當他拍攝朋友的照片時，別人會有什麼感覺。

藉由尊重孩子的意願，你示範了健康關係的基本原則。這其中產生的好處不僅止於照片的分享，而是為孩子將來做出妥當的決定奠定了良好基礎——當他接觸到更多新的參與式媒體。

督導勝於監控

當爸媽真難。儘管我們試著讓生活盡善盡美，但教養子女這件事，似乎不提供太多機會。良好的教養沒有捷徑。

舉例來說，我們忍不住想安裝某個能讓你掌握或控制孩子線上作為的軟體。你或許以為藉由這些內建封鎖器或時間限制的軟體來監控他們上網，就能解決問題。遺憾的是，科技無法為家長的職責代勞。

正因如此，我極力提倡督導勝於監控。在科技議題上，督導不僅更具效果，還能讓孩子在離線世界懂得如何做出明智的決定。你應該教導他們線上溝通的價值觀，而這也是對你和你的家庭來說，最重要的價值觀。

我從家長團體那兒獲知一些關於平衡的重大問題。其中一個問題是，「你如何保持介入，而不過度專橫？」你應該插手孩子的數位世界，但如果態度過於強硬，你就「出局」了。你或許想利用某種監控手段作為教養工具，問題是，「要如何正確妥善地監控孩子的線上活動？」有些監控或許能幫助你督導，有些則缺乏效用。

市面上有一大堆諸如 Net Nanny 的保姆應用程式可以利用，但如同任何一種工具，重要的是你使用的方式。如果某種應用程式是你管理孩子數位世界的唯一工具，那麼它肯定會令你失望。然而，如果你願意搭配督導來運用這類工具，就能產生效用。

如果你有意監控孩子，我強烈建議你，讓他們事先知道你的作法。首先，沒有人喜歡所謂的「事後驚奇」。你的監控會讓孩子感覺被侵犯，因為它的本質正是如此。再者，讓孩子知道會被監控，可以讓他們有機會選擇該怎麼做。換句話說，即便你在監控，卻讓他們取得主動權。

你必須讓孩子知道，你為什麼要檢視他們的數位活動，讓他們知道你的監控不是針對他們的行為，而是擔心他們沒有考慮到的潛在危險。此外，你寧可他們做對的事，而不是真的想「逮到」他們做錯，所以你希望給予他們展現良好行為的機會。

我們的確得督導孩子，而且必須思考監視的優點與缺點。如果你跟孩子的關係是讓你考慮採取暗中監看的那種關係，那麼他可能已經對你產生防備。有些孩子確實會想盡辦法隱藏線上的活動（例如，除了讓家人追蹤的 IG 帳號，還開設了另一個秘密帳號，或使用假名），但多數情況下，如果孩子用他的帳號跟別人互動，那些大概都是「真的」帳號資料啦。

當家長真的著手「監看」孩子時，所獲得的資訊及孩子的反應都因人而異。有一位父親以不亞於國安局的監視強度追蹤孩子的線上活動，他的部落格引來反應強烈（多半為負面）的留言。[2]不過，這位父親全面性追蹤他女兒之後，卻得到始料未及的結果。他發現女兒非常喜歡寫同人小說，花了許多時間精練文筆。他以女兒的寫作自豪，也覺得更加瞭解了女兒的嗜好，還提到派對上的某次毒品使用，藉以合理化他的窺探。不過，其他人對這位父親作法的留言多半是負面的，許多人指出，孩子需要表現想法和身分的個人隱私空間。

某位留言者猛烈批評這位父親：「監控孩子有別於嚴重侵犯孩子的隱私……而你正在侵犯你女兒的隱私，從而發現她寫小說的嗜好。與其為此感到驚訝，你更該好奇的是，為什麼她選擇不對你透露。」[3]

這位留言者的言論深獲我心。我們應該去理解孩子，包括讓他們自發性地告訴我們關於線上生活的種種一切。如若不然，讓孩子知道我們支持他們，以及，我們為他們的線上生活訂立規矩，並不等於會窺看他們貼文的每一個字。

在《給同性戀孩子的爸媽讀的書》（*This Is a Book for Parents of Gay Kids*）一書中提及另一個監視引發爭論的例子。書中明智地建議給孩子機會，讓他們按照自己的步調向家長表明性向，而不要利用線上窺探來「逮到」孩子。作者著重於創造一個安全環境，好讓同性取向或對自我性向不確定的孩子可以自在地與家長分享。4

監控訊息

家長必須瞭解傳訊息的用途，而且不要倚賴透過科技監視來引導孩子。如果我們將傳訊息視為他們是在講電話，那麼我們可能就會想去監督。我建議家長，電子郵件和電話的使用——儘管孩子對兩者沒什麼興趣——仍然是需要被教導的技巧。當孩子需要你的輔導，在他們知情的狀況下聽他們講電話或查看他們的電子郵件，都是好的作法。

對孩子而言，傳訊息就像跟朋友一起消磨時間——就像你小時候很自在地與好朋友閒扯聊天。一九七〇年代，我丈夫自己走路上幼稚園，但現在有多少幼稚園的孩子自己走路上學？關於監督的規範已經大幅改變，我們的孩子在有組織的戶外活動、受監督的玩伴約會或聚會中，一起玩耍互動的機會越來越少。傳訊息和社群媒體基本上彌補了隨意跟朋友聚會聊天的功能。

而孩子面臨的挑戰之一，是數位足跡存在的恆久性。事實上，他們傳給朋友的訊息可能被分享、斷章取義，或被保留以待重新檢視，這種情況迥異於面對面交談時可以用表情線索來減少誤解，快速解決問題。當然，傳訊息也有一套禮儀要遵循，目前還在快速發展中。

你在找什麼？

對於希望查看孩子訊息的家長，我的第一個問題是：你在找什麼？你希望看見什麼？在我們設法逮到孩子犯錯之前，我們必須思考，是否有足夠的機會來對他們示範正確的事。相較於我們總想逮到他們犯錯，我們是否周全地思考過，我們希望他們怎麼做？

我們擔心那些涉及猥褻的新聞頭條，卻不夠關切我們的孩子會變成什麼樣的人。他們在溝通上是否深思熟慮？他們是否能善用數位分享的驚人力量，來創造正面的結果？

多數家長對孩子數位活動的憂慮都被證明是一些毫無來由的恐懼。很多情況下，當你查看孩子的訊息，就會發現這些訊息非常、非常地無聊。為了協助孩子應付要求表現和生活上的諸多壓力，我們得對孩子的科技經驗保持好奇。我確信你見識過臉書上每個人的生活都以理想化的形式呈現。身為大人，我們知道那不是真的，但我們的孩子瞭解嗎？再者，對青少年和八至十二歲的孩子來說，他們正處於用自己身分做實驗的時期，該如何看待數位足跡的問題？只因他們正經歷某個階段（著迷於音樂、藝術或某些嗜好），不表示這些記錄就應該永遠跟著他們。

媒體學者達娜・博依德（danah boyd）認為，比起彷彿相簿且易於搜尋的檔案庫（如臉書），那些時效短暫的應用程式，包括儲存的照片會消失（如Snapchat），或訊息會被頻繁的洗版淹沒（如Instagram）的應用程式，更能吸引青少年。的確，我喜歡臉書上「年度回顧」的功能，部分原因在於我是個成年人，我擁有和去年相同的朋友、髮型和品味，所以年度回顧對我來說是種愉快的經驗，而非提醒我想擺脫的身分。但我的孩子可不見得喜歡。

一旦進行監控

一旦你告訴孩子，你要監控他們，下一步便是評估你會如何看待你獲得的結果。在讀取他們的訊息之前，想想你對以下事物的反應：

- 髒話
- 對其他孩子的負面言語
- 對成人／老師的負面言語
- 對你或其他家長的負面言語

問問自己，如果你看了他們私下的聊天內容，你是否會對孩子的朋友有不同的看法？在他們這個年紀，你是怎麼跟朋友聊天的？對你來說，怎樣的語言達到必須警戒的程度？哪些對話被禁止？如果他們收到令他們不舒服的訊息，包括不雅照、某同學的壞話、指控或威脅，你會建議他們怎麼做？請確保孩子知道在這種情況下可以來找你，而且不會惹上麻煩。

如果你正在察看孩子的通訊內容，發現其他孩子或你孩子發表了你不喜歡的言辭，請小心處理。你可以開放式地詢問事情始末，但不要直接質問孩子。試試這麼問：「對你和尚恩之間發生的事，你覺得怎麼樣？」而非「尚恩這樣對你，真是個混蛋！我無法忍受他傳這種訊息給你！」

如果你孩子遇上麻煩，你可以設下新的限制，但請謹慎為之。過度反應可能使他轉為暗地操作，逼得他鬼鬼祟祟。如果你注意到負面情事似乎發生在深夜，你當然能規定他們在夜間必須收起手機和平板（或放在家長房間）。

你可以關閉 Wi-Fi，當然，如果你孩子用的是行動網路，這麼做無濟於事。如果你有理由相信孩子正遭到霸凌、處於受虐關係，或者從同儕（或某成年人）那兒收到不適當或威脅性的訊息，你應該採取行動。然而，如果我們談的是小學生或國高中生的日常社交紛擾，那麼給予孩子支持，絕對比板起臉教訓他們更有幫助。

最後，如果你的孩子在線上犯了錯，會有什麼後果？你會不會禁止他傳簡訊或打電話？你會允許結果「順其自然的發展」嗎？（例如搞得他的朋友跟他翻臉，或者讓你孩子交不出作業）如果你孩子未經許可而訂購或下載應用程式，你能否有不同的處理方法？或許先放行他使用，如果他符合某些要求？雖然你無法預知未來會如何，但事前妥善思考總會有幫助。

監看的替代方案

如果你已經盡力周全地督導孩子的數位活動，就會發現你不需要其他的輔助措施。或許，你能利用某種「梯度」，讓孩子和你自己逐漸免於監控。不過這些進展的里程碑是非常個別性的，建立在相互信任的基礎上。

最簡單的梯度就是時間。舉例來說，假設你一開始規定他們晚上七點之後不准和朋友傳簡訊。之後慢慢將禁令改為八點，或許是個不錯的做法。縱使這兩者只有小小的差別，卻是一種信任的表示。接著繼續調整。然而，一旦規則被破壞，你就得撤銷這些信任。或許下一步是晚上九點，這樣的改變對你的孩子意義重大：現在他可以在上床前跟朋友傳一下簡訊了，聊聊正在收看的籃球轉播。

如果你希望針對他們聊天內容的「侵犯性」做些特殊規定，可以考慮在他們開始傳訊息的頭一年讓他們知道，你將不定期查看他們聊天的內容，確保他們的溝通合宜。你會保持關注，但你通常願意信任他們，你必須清楚說明你認定的「合宜」標準是什麼。再者，你的目的是教導他們，而非「逮到」他們犯錯。

另一個辦法是，讓孩子自己告訴你，他們在做什麼，免得你得透過電子手段「竊聽」。舉例來說，請他們每個月給你一次用他們的社群帳號「巡察」的機會？這麼做足夠讓你放心嗎？你對孩子夠不夠信任，以便稍微放鬆管控？

即使你運用較寬鬆的手段，你仍然應該清楚告訴他們，如果他們有不良行為，必須承受哪些後果。如果你在他們的數位世界發現了令人不樂見的事，該怎麼辦？你會不會限縮孩子的使用權，設下嚴格規定，或者幫助他們修補造成的損害？假使孩子因為犯了錯而向你表達後悔之意，你能否將這次錯誤視為往後他學會彌補的機會？

我得強調，無論你選擇是要監視他們，或者是利用方法登入他們的帳戶，都不是一種可取的手段，除非你遇上「紅色警戒」（例如有性命之憂或安全未卜的緊急情況）。不管你採用什麼方法，總會遭遇某些質疑，這正是當家長的難為之處。不過，以坦誠開放的態度作為出發點，可以為你和孩子的關係定調，即使你認為科技只是生活的附加品，但利用對科技的使用方式傳達出你的價值觀，最終就能建立起彼此的信任。

永遠開機的壓力

我們無疑都處於這個不停運轉的社會所帶來的巨大壓力之下，一方面，它使人活力充沛，另一方面，它也使人精疲力竭。我們的孩子不同於你我，他們誕生於這種步調之中，甚至不知道還有其他的生活方式。對此，他們的感覺如何？

跟中學生會談時，我總是這麼問：「告訴我，身為一個擁有智慧型手機、能取用那麼多資訊的十一歲小孩，是一種什麼樣的感覺？」或者：「告訴我，作為班上最後一個、或者最早一個擁有手機的人，是什麼樣的感覺？」這些十到十二歲的孩子往往對此有著深刻的見解，他們的答案會讓你嚇一跳。

我跟這些孩子們長期相處，為他們在日常生活遇到的問題尋求解決之道。大量的會談讓我明白這些孩子具有創造力和洞察力，而且能對他人展現同理心。聽起來是好消息，然而，他們顯然也需要好的榜樣和協助，即使他們是數位原住民，也不代表他們天生具備數位素養。

從同理心出發

孩子們最常遇到的煩惱是，他們必須隨時被連絡得上。因為科技能做到這件事，所以每個人將此視之為義務。我們多數人很容易對此心有同感，你大概也在生活中感受到相同的壓力。

不過，我們終究是凡人，無法隨時回應他人——即使有時對方很難接受。對於仍在學習社交互動的青少年或八至十二歲的孩子來說，情況更加嚴重。這種行為可能衍生以下發展：你孩子傳訊息給朋友，而這個朋友沒有立刻回訊，這時他很容易以為「這個人不想和我當朋友了！」所以他又傳了一次簡訊，一次又一次。你可以理解這種情況為什麼發生，我們可能也認識有這類行為的大人。

同樣的，我們的孩子應該去理解別人的情況。他朋友此刻在做什麼？最不可能的應該是，他不想再和你孩子做朋友了。而可能的情況則是：這個朋友正忙著別的事，或許睡著了、寫作業、和爸媽吃晚餐。當我們跟孩子談到種種可能，就是在培養他的同理心。

如果要進一步開導孩子，你可以跟孩子一起想出應對的辦法。我跟一群五年級孩子所組成的「創意小組」長期合作，我鼓勵他們設計一套程式來協助解決社交挑戰。他們並非真正能設計出一個程式，而只是發明概念，但這個練習可以幫助他們瞭解需要考慮的問題，以及可以怎麼辦。

針對朋友沒有回訊息的情況，孩子們想出一個很棒的應對之道。那就是安裝一個程式，當訊息在一定時間內未得到回應，就限制傳送訊息的數量——他們稱之為「簡訊封鎖」程式。所以，如果我要傳訊給某人，只能傳送一定的次數，一旦對方沒回應，我就必須停止傳訊，因為這個程式會強制執行。雖然你無法在應用程式商店買到這種程式來應付惱人的朋友，但這個辦法清楚透露了孩子遭遇到的麻煩。他們感受到必須與同儕保持連繫的壓力，並覺得被期待要隨時回應。我們必須理解孩子的感受，才能幫助他們設定與朋友之間的界限，從而緩解壓力。

我們也應該培養孩子的同理心，以減輕他們施加在朋友身上、期待立刻獲得回應的壓力。我告訴工作坊的孩子：「只要閉上眼睛，想像你朋友正在寫功課，或者跟他爸爸練習投籃，或者跟家人吃晚飯，你就會釋懷了。你要理解對方此刻就是無法立刻回應你。」這麼做對孩子確實有幫助。只要具備同理心，他們就不需要「簡訊封鎖」程式。

應對不友善的訊息

我工作坊的孩子指出了另一個經常遇到的問題：收到不太友善的訊息該怎麼辦？或者，有的訊息無意間傷害了朋友或家人的情感？很多孩子都收過令人心煩意亂的訊息，或傳送過冒犯他人的訊息。我們應該提醒他們，社群簡訊或貼文所使用的語氣未必總是清晰而明確的，因為我們看不見對方，很難分辨這些文字是隨意或認真、是惡意或只是開玩笑——有些重要的脈絡不見了。

所以，一群六年級女生發明了稱作「發泡聊天」（Sparkle Chat）的應用程式，這個程式會在訊息被鍵入之後提出一個問題：「確定發送？」有時我們全都用得上類似的提醒！多棒的點子，而且一針見血！此外，有人設計出更嚴格的版本，讓你在點擊「確定發送？」之後再度檢視訊息，如果偵測到惡毒言語，該程式會自動送出複本給接收者和發送者的家長。

就算我是成熟的大人，也設計不出更合用的程式來教孩子怎麼跟別人溝通！這意味著孩子縱然嫻熟於科技，仍然需要家長的督導。比起用監控軟體或查看他們的通訊內容，他們更需要瞭解：傷害別人的情感（或者被傷害）是多麼容易。當溝通出錯，他們需要我們幫忙解決——他們確實想得到大人的支持。

插電家長

孩子們時常抱怨爸媽永遠「插電中」。當我詢問他們生活中因科技而惡化的問題，六七年級孩子異口同聲回答：「生活中我們最在乎的事，往往因為科技而變得沒有人在乎。」身為家長，這樣的答案令我難過。

當我們緊黏著手機或全神貫注地處理電子郵件，我們的孩子感覺到不被需要。同樣地，他們設計了一款程式來解決問題。有些孩子為家長設計了名為「停止簡訊，享受生活」的程式。這個程式是聲控的，由孩子的聲音啟動，然後強制關掉爸爸或媽媽的手機。

這些孩子設計出能被「訓練」成只辨識特定聲音的程式，那麼街上的閒雜人等就無法隨便湊近大人身旁，發聲關閉他們的手機。這樣的發明的確聰明，但或許多了一點侵略性——這是同理心必須發揮作用的地方。身為家長，我們限制了孩子使用科技的時間，而孩子讓我們知道，他們也想要相同的體諒。他們希望獲得你的重視，而非被現實世界排擠到一旁，排在你應對的所有人之後。

比起亟欲獲得家長注意的幼童，已經對這種事不抱期待的青少年顯得心灰意冷。在《重新與人對話》（*Reclaiming Conversation*）一書中，作者雪莉．特克引述青少年的心聲：他們競爭不過爸媽的手機，所以不再嘗試。特克描述了一個家庭在傳訊和談話，以及電子郵件與面對面相處來來回回切換的情況，探討家庭關係為此付出的代價。書中某個孩子表示，「我跟媽媽說話時，她正在寫電子郵件，她會說『等一下』；或者她跟我說話到一半突然停了下來，打出一個電話之後，已經忘了要跟我說什麼。」[5]

書裡某個孩子說，爸媽規定我們在餐桌上不准使用手機，但他們自己卻屢屢違規，而且對於他的問題草率回應，因為他們總是注意力渙散。一位十五歲孩子說，「我認為我媽已經忘記怎麼說話了。」[6] 哎！沒有一個家長希望被孩子這麼抱怨，但我們都應該謹記，我們身邊的孩子比我們口袋或手裡發出唧唧響的對象更重要。

是時候警惕自己了，我們得想辦法減少在面對面相處與科技裝置之間的切換，才能真正投入與伴侶、孩子、朋友和同事之間的溝通。儘管「停止簡訊，享受生活」程式並不真的存在，但你可以在腦中想像這個程式。當孩子和你說話，請專注看著他們並認真傾聽。如果有必要，你可以對自己說：「好吧，停止簡訊，享受生活。我在這裡。我活在當下。」

科技是一扇窗

我之所喜歡程式設計的練習，是因為這可以看出許多與孩子有關的日常經驗。孩子們的確想得到家長的關注，或許他們看似不想要，特別當他們處於擁有自己手機的年紀。但事實是，他們非常想得到關注，而且需要督導。

設計出「簡訊封鎖」程式的十一歲孩子大聲抱怨：「有時我就是不想傳簡訊，不想被打擾，不行嗎？」這話讓人心痛。當然可以，我們用不著隨時插著電保持連線。

儘管有這些多可以用來設計程式的點子，但沒有一種程式能夠幫助我們養育數位時代的孩子。虛構程式辦不到，真正的應用程式商店也不行。我們需要的是對孩子的日常經驗感到好奇，潛心探究，與他們一起體驗數位世界。問問他們在想什麼，坐下來和他們一起運用創造力和智慧，共創解決之道。

6 數位時代家庭生活

一旦我們對孩子的日常生活感到好奇，就能理解他們在學校和社交網路面臨的挑戰。然而，與外界永不間斷的連結，也會對家庭生活造成壓力。家長可能發現沒什麼機會為孩子示範良好的溝通方式，督導他們成為一個善用手機、電腦和數位媒體的溝通者，因為這些裝置往往是在私下使用。如今，我們不會在彼此面前大聲溝通，就像從前在家裡公開講電話那樣。

科技固然提供了很棒的連繫方式，卻造成若干嚴重的教養挑戰。手機與平板等裝置讓我們更方便與孩子頻繁地聯絡，同時也讓孩子連結到一個我們一無所知的世界。如同記者珍妮佛．西尼爾（Jennifer Senior）所言：「孩子用超連結聯繫家人，但離線時卻與家人過著相當隔離的生活。」[1]無論我們用限制、禁止還是督導的心態來處理問題，要應付孩子與同儕之間永不斷線的情況，都不是一件容易的事。

再者，根據長期研究科技影響人際關係的雪莉・特克所言，許多家庭正透過傳訊息來處理以往涉及高分貝怒吼或壓低聲量的深夜談話所造成的衝突。[2] 特克研究的家庭案例認為，隔一段距離來看待家庭衝突，會讓情勢更為清晰。然而特克擔心，我們是否就此失去面對面溝通那一瞬間所產生的自發與混亂的真實情感？這點值得深思：我們應該保持與家人之間的平靜氣氛，抑或是真實感？正如我們不希望孩子變得不善社交，我們也不希望孩子無法處理面對面的衝突。然而話說回來，當爭執雙方已經無法好好聽對方說話時，善意的訊息在緊繃的情境下的確有其功用。

我詢問「養育數位原住民工作坊」社群的家長，是否曾經把家庭衝突改為用簡訊或電子郵件來表達？得到的回應包羅萬象。有位媽媽說：「不，我絕不會這麼做。我可能會先傳『我愛你』這類簡訊給孩子作為安撫，直到我們面對面，我會好好擁抱他們一下，再做討論。」另一位媽媽說，「我這麼做過。有時我會傳簡訊跟孩子講道理，但緊接著我們會繼續用簡訊交換想法。」有位青少年說，他在坐車上學途中打電話對媽媽大吼大叫，最後選擇用簡訊跟媽媽講和「對不起，我是個大笨蛋。」而她媽媽也接受了。不過他還是認為當面道歉最有誠意。

在這個年代，由於家用電話不再居於家庭核心，示範良好溝通習慣的機會變少了，因此，你或許想刻意做出改變，例如「我打算在吃飯和家庭時間關掉手機，將手機放在別的房間以免分心。」或者「我本來要寄出這封電郵，但我不想在這時打擾別人，所以我打算明早再寄。」讓孩子看見你每個選擇背後的理由，是他們學習的絕佳方式。

看看自己，想想孩子

孩子會透過觀察家長的作為，來學習價值觀和行為。當孩子和你說話，你是否一邊傳簡訊一邊回應他們？當他們待在你身邊，你會不會不停檢查電郵？你在晚餐時間回覆客戶的電話，並且跟孩子解釋「工作比較重要」？二十四小時連線的世界似乎讓我們永遠處於多功狀態，我對這類挑戰深有同感。但這種情況對孩子來說意義為何？我們能不能成為一個更好的模範？

如果你能做到不時時刻刻察看手機，你已經對孩子傳達了一個強而有力的訊息：**你能夠掌控裝置，而非被裝置掌控**。你所設定和遵守的界限不僅解放了你，也會為孩子建立起榜樣。換句話說，如果你在重要的家庭時間把手機收起來，他們也會照做。如果你讓孩子知道家庭時間很重要，他們也會予以重視。許多人每天無數次查看電郵，生產力專家和家庭專家都對此表達了一致的看法——這無助於增進你的生產力或關係的維繫。如果你邊吃晚餐邊傳簡訊，就不要指望你那八到十二歲或青少年孩子會將手機放在別處或關機。

科技在家庭中扮演的角色，表現在你對手機等其他裝置的使用態度。試著走訪無科技公園或遊樂場；在吃飯時間和家庭時間節制科技的使用；找一個好玩的家庭「密碼」當作提醒詞。在我家裡，我和家人互相戲稱對方「螢幕怪獸」，藉以警惕要把握相處的時光。

一家人和朋友邊聚餐邊看手機，在餐廳裡屢見不鮮，而發生在別人身上總是看起來更顯眼，不是嗎？當你獨處或與伴侶相處，請在心中盤點一下你跟家人「孤獨在一起」的時間。[3] 留意你們家是否花上很多時間待在同一個空間，卻各自緊盯著螢幕。你得保持警覺，因為家庭時間往往不該這麼安排。當你回顧過去一個禮拜或每個典型的週末，你家人是否各據角落甚至彼此緊鄰，卻只專注於自己的數位世界？

記者蘇珊・莫莎特（Susan Maushart）一家——包括她自己和三名青少年子女，曾經度過整整六個月的不插電生活。起初孩子們抱怨不已，但莫莎特發現，他們兄弟姊妹如今變得更親密了（不純然因為他們一起生媽媽的氣！）而且孩子們在過往培養的才能和嗜好，特別是兒子的樂器天分，在電玩和簡訊沒有耗光閒暇的時刻重新展露了。完全斷線的作法有點激進，但這突顯出家庭時光是如何被網路連線給侵蝕殆盡，這種作法對保持家人情感的連繫大有助益。莫莎特講述自己經驗的著作《冬季不連線》（*The Winter of Our Disconnect*），可以提供給你檢視例行公事和家庭習慣所需的靈感。[4]

接下來的練習或許不那麼有趣：問問孩子，他們最不喜歡你的哪個跟科技有關的習慣。你或許對這些壞習慣心知肚明，不過能知道孩子的看法總是好的。當你家人想和你說說話，你都怎麼表現？你會闔上筆電或放下手機嗎？倘若你看見自己被錄下來的樣子會不會嚇一跳？你喜歡那些畫面嗎？身為一名專職顧問和公共演講者，我對科技的使用態度自有難為之處，我的工作界限不同於那些朝九晚五的上班族。當然，有些固定時間上下班的家長也被要求一整天待機，這對他們來說同樣是一大挑戰。

你如何改變媒體的使用習慣？請安排一段不插電時間，或與人分享媒體的使用，比如說，和家人一起看電影。某些內向的家人可能依賴「孤獨的」科技來填滿社交生活，如果這正是你家的情況，請想想有沒有其他促進真正孤獨的活動，來彌補內在的需求。

建立媒體生態

我時常向家長團體宣導「**在家庭建立媒體生態**」的觀念。我的聽眾通常是養育三至九歲孩童的家長，每次演說完都引發精采的對談。某次的對話讓我印象深刻。

首先，這是我和一位父親的對談。在我主持過的多場家長會談中，媽媽聽眾佔了八成，我總是期待見到更平均的父母比例。這位爸爸一開始先感謝我沒有在演講中讓他覺得自己是個不稱職的家長。我認為這點非常重要——批判別的家長，會使我們無法建立起一個看顧彼此孩子的牢固社群。

這位爸爸的提問，是關於在電視機前吃飯的問題。他想知道，如果讓孩子邊看電視邊吃飯，是否會損及他們的心靈或社交技巧。他們家准許孩子吃飯時看電視作為一種娛樂，而偶爾，他也想在吃飯時間享有一點成人的自由。這是很難回答的問題，因為我希望能提供家庭真正有用的建議。我確實相信，家庭用餐是教導孩子社交技巧的重要時機，利用吃飯時間對話，不僅是理解孩子世界的捷徑，家長也可以趁機示範良好的互動模式，鼓勵孩子投入關係。

然而，想跟你的老伴坐下來安安靜靜吃個飯，這種願望完全可以理解，你可不想等孩子上了大學離家後，才有自己的獨處空間。要處理這個問題，我有兩個建議：

1. 設定一段不插電的用餐時間。鎖定某些用餐時間必須「不插電」，或許有幾餐可以讓孩子一邊看電視一邊吃飯，而家長也能在用餐時掌握孩子的情況，讓全家人有機會聚在一起聊天。

2. 二輪制。大人要吃飯前，先餵飽不在螢幕前用餐的孩子。你可以和他們聊天，讓他們在餐桌旁待上一段合理的時間，等你要吃飯時，再放他們去看電視或玩遊戲。某些家庭習慣讓孩子早點吃晚餐，這樣家長如果太晚下班回家，也不致讓孩子餓肚子。

崇尚「正念進食」的人或許偏好二輪制的用餐法，這麼做能將媒體時間延遲到飯後——吃飯分心可不是個健康的飲食習慣。我認為最重要的是，創造並堅持一個「不插電用餐儀式」，讓孩子開始習慣，而且抱有期待！

對孩子和成人而言，在令人精疲力竭的一天之後，緊接著夜晚還有功課要應付，因此要享用一頓祥和、不受媒體打擾的晚餐似乎有點難。但是，用心設計每個環節就能夠做得到，這週不妨就找一天晚上來試試吧！

隨時自我提醒是否示範了專注的談話和眼神接觸，是否在家庭時間關上手機和電腦？如果你辦不到，那麼很難指望你家裡的青少年或八至十二歲孩子有不插電的互動。

家庭相簿

數位照相的發達讓影像數量激增，這個現象對文化產生了巨大的影響。數位影像已經成為一種溝通形式，但在我們的文化中卻尚未確立規則。創造與分享影像的方便性，為我們帶來愉快且多彩多姿的生活，但毫無節制地分享照片，也可能造成情感的摩擦和損傷。就這點而言，分享照片完全無異於其他的溝通形式。

如前文所提，每位家庭成員都應該遵守張貼別的家庭成員影像的規則：不可以未經允許而分享。貼出孩子的照片前，如果能徵求他們的允許，就能教會他們尊重隱私，而且也能帶來討論界限的機會。孩子完全有權反對你將他們的照片貼上臉書——理由不重要。允許他們保有控制權，可以讓他們學到很有價值的一課。

那麼，如何在社交事件中處理照片？為孩子舉辦的生日派對是個很棒的機會，我們可以藉此示範並教導他們分享東西的原則。不同年齡層和成熟度的孩子多半對拍攝和分享照片有著各自的理解。例如，他們知道沒被邀請參加派對的孩子，如果看見 IG 上貼出派對照片，可能會覺得受傷——這不表示你不能拍照，而是你應該考慮到在社群分享照片會帶給別人的感覺。示範如何發揮同理心，能幫助你的孩子不去傷害別人的感情。

家族成員的分享

祖父母、姑姑、阿姨和叔叔伯伯等眾多親友之間的感情親密，他們很疼愛你的小孩，對你小孩的成長欣慰不已。也因此，他們對孩子照片感興趣的程度可能是他人無法想像的。舉例來說，祖父母對孫子照片有著超乎尋常的激賞，但你臉書上的高中同學或工作同事或許就不那麼感興趣。要調和這種不對等，可以用其他社群媒體來建立你的家庭相簿：

- 利用 Dropbox、Box 或 Google Drive。
- 上傳照片到受密碼保護的網站，如 Flickr，這類網站可以控制照片的公開程度，以及你是否想讓別人透過 Creative Commons 的許可機制加以使用。

- 用電子郵件定期分享給真的想看這些每週照片的人。

我想那些在線上跟你往來的人應該會感謝你——我向你保證，網路上有超過三百個人不需要看到你孩子的每週成長照。額外的好處是，你孩子將來也會為他們的數位足跡得以被保護而感謝你。你可以訂立一些家庭社群媒體的策略，來強化不同程度的分享。[5] 我喜歡科技研究者亞歷珊德拉．塞繆爾為她的家庭擬定的策略（可參考網站 alexandrasamuel.com/parenting/creating-a-family-social-media-policy）。

如果你有意實施這些家庭社群媒體的規劃，請記得將自己涵括到其中。有些家長選擇不在臉書、推特或社交平台分享孩子的訊息。但是，如果你貼了關於孩子的貼文，你要如何尊重他們的隱私和界限，並教導他們對觀看者和照片主人的同理心？如果你孩子年紀大到足以瞭解照片被分享的概念，那麼你應該在分享照片之前徵求他的許可。如果你的孩子年紀還太小，難以徵詢意見，不妨想像他是傾向於保有隱私的十二歲、十五歲或是三十歲？在這些時刻他可能會有異議嗎？請慎重思考。

儘早教會孩子關於照片分享的同理心和尊重。在提供他們數位裝置時，就可以開啟這類的討論，不妨從界限形式與預期心理的話題切入。這些談話將引導你去檢視你與家中數位工具的關係。

打造家庭媒體經驗

將媒體使用的頻率、習慣和運作方式安排妥當，比較容易達到理想中的家庭生活。你很可能已經在其他領域做好安排，例如，你會將不符合季節的衣物收起來，以培養你六歲兒子自己挑衣服的能力，同時確保他不會在室外零下六度時穿著短褲去上學。你可以在家中建立起對應的習慣和程序，讓科技的使用達到平衡——我稱之為「媒體生態」，而創造媒體生態能為每個家庭帶來正面的影響。

創造不插電區

要降低對電子裝置的依賴，最有效的方法，就是讓離線時間變得精彩有趣。因為螢幕實在是魅力無窮，即使你將它們放在最不方便使用的位置，孩子和大人也會深受吸引。我建議你在家中規劃一個足夠吸引人的不插電活動區，讓孩子遠離 iPad 和 PlayStation。

確保家裡最舒適愜意的地方沒有緊鄰著螢幕。不管線上或離線空間，讓你的孩子成為一名「創造者」，而非「消費者」。培養孩子動手 DIY 的習慣，在線上環境，你們可以共同製作家庭剪貼簿、設計電玩、發展尋寶遊戲、為奶奶設計行事曆、在 Scratch 上寫程式或拍攝 YouTube 影片。而至於離線時，你可以跟孩子一起設計一個夢想城市模型、做餅乾，或在牛仔褲上縫補丁。

這些活動都不需要很大的空間，只要將飯廳角落布置成一個「藝術區」，放一些美術用具和一張桌子就算完備了。另外，你可以找出家裡損壞的物品，讓你孩子觀摩 YouTube 影片，學著自己動手修理。

在家庭環境之外，也有許多發揮創意的機會。如果你的孩子雙手靈巧，喜歡手作，不妨讓他參加「Maker Faire」，這個展覽分享了許多人們自行製作的東西。除了送他到營隊學習機器人、服裝或電腦程式設計，你也可以鼓勵他在家裡做這些事。在我居住的社區，「快閃遊樂場」活動正在風行，每個家庭會帶來硬紙板和好玩的材料，鼓勵孩子們交流互動。

如果家裡有年幼的孩童，請確保電視、電玩遊戲和電腦沒有放在家裡最舒適的位子。你可以在容易拿取的廚房抽屜裡放點好玩的東西，定期更換，讓孩子感到驚喜。盡可能讓打扮用的衣服道具、好玩的桌遊、拼圖或美術用具變得跟電視、遊戲裝置或平板電腦一樣容易接觸到。

鼓勵年紀較大的孩子發揮創造力，你可以在箱子裡塞滿回收材料，誘導他們手做。或者，你可以給他們樂器、食譜書和食材，讓他們在廚房盡情胡搞，跟朋友一起烤披薩或杯子蛋糕，或跟家人一起設計尋寶遊戲或障礙賽道。

如果你在家裡沒有限制孩子們使用電腦或手機，那麼你可能會希望他們在公共空間使用這些裝置，而非自己窩在房間或地下室。在家裡設置一個「公用充電站」可以傳達出一個立場：夜間不能使用科技裝置。附帶的好處是，你不會在早上發現自己帶著一個沒電的手機出門！

建立數位生活的結構

妥善安排數位產品使用的空間和時間，有助於緩解家裡枯燥緊繃的氣氛。刻意建立起某些習慣，讓隨著「螢幕時間」結束而產生的焦躁情緒降至最低。別讓螢幕時間成為一段也可以做其他事的無組織時間，因此，如果你小孩很愛玩《當個創世神》，讓他們享有一段特定的「創世神時間」。

試著規劃一個行事曆，規定孩子在螢幕時間結束之後要做的事，如果他們在遊戲結束後馬上變身一頭螢幕怪獸，行為偏差，你就縮短十五分鐘的遊戲時間，直到他們修正行為為止。

許多家庭決定將螢幕時間完全取消，因為無法調適慢慢適應的過程，同時也為了符合學校要求，應付作業和課後活動。這麼做沒有問題，但請考慮家庭活動和每個孩子的性格。請記得，每項慣例的改變都需要時間，耐心堅守計畫，並且做必要的調整，才能找到適當的平衡。

媒體議題

身為家長，我們可以透過建立媒體素養來培養孩子的社會意識。和他們討論媒體上出現的刻板印象，但不要潑他們冷水。不要聲稱「那個節目有性別歧視」，而是詢問孩子：「你們對節目中男性和女性角色有什麼看法？」或者，「你們對不同種族的報導方式有什麼意見？」

試著在你的「媒體圖書館」中準備一些女孩、英雄、聰明、有色人種等角色素材，幫助孩子理解這些議題，近年來媒體供應的案例屢見不鮮。諸如 A Mighty Girl（amightygirl.com）網站就是很好的資源，不光對那些養育女孩的家長是如此！如果你就是討厭某個節目、角色、類型或公司，尤其你禁止孩子接觸這些東西，那麼就應該告訴他們原因。「因為我說了算」已經是我們父母那一輩的說法了，向孩子解釋原因，才會產生好的結果，因為孩子比較會願意遵守他們可以理解的規則。[6]

即使孩子偷偷逾越了禁令，他們也會意識到某個節目呈現的東西令你不舒服。例如，你不喜歡角色為了獲取金錢或性而彼此利用，但你不介意主角的兄弟是同性戀——讓孩子清楚理解你的觀點。許多（甚至是給孩子看的節目）節目將具有挑戰性的議題攤在檯面上，如青少年性愛、毒品、虐待及飲食障礙，這樣的內容對所有年齡層的人而言，都是需要處理的問題。

不斷操弄「創傷」似乎有點過頭，不過某些議題取向的節目能提供你和孩子一個討論的機會，或許溝通起來不太舒服，但也有正面的意義。八至十二歲孩子正在建構他們的身分，他們會大量吸收來自四面八方的媒體訊息，你應該從旁協助，導正他們的價值觀。

不過，你得有策略地選擇時機，如果收看每個節目之前你都得展開一番論述，孩子們可能就不喜歡和你一起看電視了。你可以引導孩子多去留意媒體上對各種事物的描繪（例如種族歧視或性別偏見），以此作為討論的素材，這樣的引導可以讓孩子長大後成為一名具有批判意識的觀眾。

家庭溝通

家長最常問我的問題是，何時應該讓孩子擁有一支自己的智慧型手機？許多家長希望能在延遲接送、從安親班、學校或朋友家中接走孩子等情況下，快速連絡上孩子。《鄰舍遊戲》（*Playborhood*）一書作者麥可．蘭札（Mike Lanza）指出，手機在某方面賦予了孩子「獨立性」。[7] 然而，我們卻為了能跟孩子建立更緊密的聯繫而給他們手機，因此，除非這個手機具備高度鎖定的機制，否則也同時開啟了他們與同儕溝通的世界（就智慧型手機來說，這個世界就是整個網際網路）。

我的「臉書教養群組」近來有個討論串便以此問題為起點：「給孩子手機的合適年齡是幾歲？」群組中出現了各式各樣的回答。許多家長認為在孩子具備獨立行動能力——騎單車或搭大眾運輸工具上學——可以作為指標。有些家長則覺得，如果孩子的朋友也有手機，那麼他們的孩子也「必須」有一支手機可用。其他回答包括了：孩子只能打電話給爸媽的腕戴式裝置，或者，四年級孩子只能用基本型掀蓋手機，以貫徹「八年級之前無手機」政策。另有不少家長回應：等孩子上了六七年級，才能使用智慧型手機。

這些回應說明了一件事：給孩子手機的時機應該視其心智成熟程度而定。當然智慧型手機對孩子的衝擊不小，不過，「笨蛋手機」也是隱憂之一。許多家長認為，念國中的小孩用普通手機就夠了，他們寧可等孩子讀八年級或高中再給他們智慧型手機。然而，在我工作的許多學校，家長給孩子的第一支手機往往就是智慧型手機，而且年齡落在五、六年級。

準備好使用手機了嗎？

給孩子手機是身為家長所做的重大決定之一。如果你覺得這麼說言過其實，我要提醒你，第一支智慧型手機是孩子開啟世界門窗的轉捩點。有了手機，他可以完整取用網路上的資源，與全世界任何地方或任何人接觸——而且你往往望塵莫及。聽來或許嚇人，不過這個新發現的能力的確有積極的意義，這正是我樂觀看待「督導」的原因——教導孩子做出妥善的決定，比你所能為他做的任何事，還能提供更好的保護。

從擔憂出發

手機的議題令人擔憂，例如孩子應該在什麼時間點擁有手機。請檢視你心裡的憂慮：讓孩子擁有手機（或智慧型手機），實際上你擔心的是什麼？反過來說，如果孩子沒有手機，你又擔心什麼？你是否擔心他會成為社交群組中唯一沒有手機的人？他可能遭受到排擠？或者你只是擔心他沒有手機的話，一整天都無法跟你連絡？

你值得思考幾個關鍵：

一、社交議題：孩子沒有手機，可能被排除在社交圈之外。但如果有了手機，你可能要擔心他螢幕成癮，或者不再跟家人親近。或者，他會因為太過倚賴線上溝通而缺乏面對面的社交技巧。或者他會過度分享，以取得社交地位。

二、地位議題：擁有一支 iPhone 可能被視為一種地位和象徵。你不想讓別人覺得你家裡買不起手機。另一方面，你也許也不希望你孩子是學校裡唯一擁有 iPhone 的人。環境線索很重要，數位落差在世界各地都不一樣。

三、安全議題：不適當的內容在智慧型手機上非常容易取得。孩子能否抗拒誘惑？此外，透過 APP、聊天室和線上網站，孩子更有機會接觸到陌生人。你的孩子會做出明智安全的決定嗎？

四、隱私議題：每支手機都內建相機功能，增加了不當照片被拍攝或分享的機會。此外，孩子留下的資訊和貼文將累積成大量的數位足跡，他們是否瞭解日益衍生的數位身分議題？

當你意識到這些議題的嚴重性，就會明白為什麼使用手機（尤其是智慧型手機）對家庭是如此巨大的壓力來源。以下實例和準則可作為處理的參考。

戰場故事

與我合作的群組中，一位媽媽多米妮可很信任自己那個乖巧懂事的女兒安妮。某晚，多米妮可發現安妮在深夜傳訊息給朋友，按理說，那時她（和朋友）都應該上床睡覺了。原來，安妮的朋友需要幫助，而安妮無法拒絕。此後多米妮可規定女兒，手機必須放在家長的房間過夜，另外，她也讓那個朋友的家長知道這件事，因為這兩個女孩都只有十二歲（讀六年級）。

首先，多米妮可去瞭解安妮在深夜跟朋友傳訊息的原因。這讓她知道安妮試圖當個伸出援手的好朋友，也因此，多米妮可得以和她討論那些或許需要成人協助的問題並非一個六年級同學的忠告能幫得上忙。瞭解促使孩子違反規定的衝動，有助於我們做出適當的反應。

「養育數位原住民」社群中的另一位媽媽，買了手機給她十歲和十一歲的女兒，在她們開始自己騎單車上學而不需要人接送之後。她說：「對我那個十歲女兒來說，她的生活幾乎沒什麼改變，她不時還會忘記有手機的存在。但我十一歲女兒就比較愛用手機了，不過，當我發現她的手機沒有放在廚房充電的某天晚上十點還在傳訊息，她就『喪失』了一個星期的手機使用權。結果，這個大女兒坦承了一件有趣的事，在手機被沒收一整天之後，她發現，沒有手機讓她和妹妹在校車上有了更多的互動。」

一位媽媽希望孩子能為使用手機負起責任：「他們自己付電話費，我才會考慮買手機給他們。我的十三歲兒子有一台 iPod，他自己想辦法用 Wi-Fi 連線打電話或傳訊息。我的十一歲女兒從爸爸那裡拿到一支手機，她很執著於查看行事曆，而且對於擁有手機感到滿足。我的孩子們都很獨立，放學後他們會自動待在家裡，我們每週都有家庭聚會，保持溝通和互動。」

另一個在兒童心理診所就診的女孩被禁用手機之後顯得非常驚恐，啜泣不已。經詢問，她承認有同學向她勒取暴露照，還說如果不寄來更多的照片，就會散播先前的照片。家長知道情況後連忙讓女兒接受諮商，並且封鎖暴露照片的索求者。他們大可採取刑事行動，卻沒有這麼做。如果這個侵犯者尚未成年，他們會連絡孩子的家長處理，而對這類挑戰訴諸法律補救的家庭來說，這種作法已然跨出了阻止線上掠奪的重要一步。另一方面，要起訴這些案件極為困難，就數位領域可能出現的虐待和侵犯而言，法律遠遠幫不上忙。

你的孩子必須知道一件事：沒有人可以強迫他去做他覺得不對或不舒服的事，不管是陌生人、朋友或男女朋友。他也必須知道，即使他違反規定（如超時傳訊息或其他不良行為），而因此受到騷擾或惹上麻煩，你依舊是他的盟友和依靠。

上述例子讓我們學到重要的一課——想想其他家長處理麻煩的方式。你會如何處理上述情況？我們可以向彼此學習。或許，你的作法跟其他家長不一樣，無妨，因為我們有各自的教養風格，但看看別人怎麼做，或許可以作為參考。

購買手機之前

許多家長給孩子買手機，是為了方便他們到處打卡。買手機之前，請先問問你自己，是你需要他們擁有手機，還是他們自己想要手機。你經歷過哪些情況，讓你希望可以有「一機在手」？例如，現在很多人遲到時壓力小多了，因為可以在路上傳個簡訊，先打聲招呼。一旦沒有手機，遲到這件事就變得令人緊張，不是嗎？

所以，你準備好了嗎？該不該給孩子買手機？如果現在時機不對，那什麼時候才是好時機？但願我有一個萬用答案告訴你，只可惜，狀況因人而異。然而，我可以提供一些準則，幫助你決定是否購買和購買的時機：

一、弄清你真正的憂慮和想望。我認識的某個家庭很希望孩子能獨立，而且能自由行動。雖然在他們居住的城市裡，居民關係友善而緊密，但他們仍覺得需要多一點連繫來保障安全，而不光是叮囑孩子「天黑了就回家」。他們的解決之道是這樣的：他們給孩子（分別是六歲和九歲）一支對講機。不久，鄰居家長居然如法炮製了。如今那個地區的孩子可以自由玩耍，但在對講機通訊範圍內和家裡保持緊密的連繫。

二、搞懂孩子需要手機的理由。手機是一種工具，或者，許多孩子的確靠手機安排計畫、彼此聯繫，結果你的孩子落了單？如果是這樣，跟別的孩子家長談談，讓他們知道可以傳訊息給你，並將你的兒子或女兒包含在內。

三、教導孩子基本的電話禮儀。在孩子擁有自己的手機之前，確保他們學會禮貌周到地接聽電話和留言。就像他們使用家用電話受到的那種訓練，讓孩子跟祖父母、阿姨、叔叔或親密的家人練習打電話或接電話，直到能夠適當地應對與互動。進階的練習可以讓孩子訂個披薩，或致電商家詢問營業時間等等。

電子郵件輔助訓練

電子郵件是現代生活重要的一環，對許多人而言，更是職場溝通的必要方式。電郵的使用看似很基本，讓你覺得似乎沒必要去教導孩子相關的技巧。但是，電郵就是一種溝通形式，有其不成文的規則和禮儀規範。如同你在職場上的體驗，電郵溝通很容易出錯，因此你值得花點時間教會孩子基本原則，讓他們正確駕馭這個媒介。電郵作為你孩子、老師和成人世界的重要橋梁，我們要一起應對它，因為你孩子將來不見得會用Snapchat和雇主連絡。至少現階段他得學會妥善使用電子郵件，這是你要清楚說明的事。

允許孩子擁有自己的電郵帳號之前，先讓他試著使用家庭的電郵帳戶，如設立TengFamily@gmail.com或TheThompsons@yahoo.com之類的帳號，這個集中化的帳號運作有點像放在家裡客廳裡的電話。你不是在監視，這帳號是公用的，這個「公共電話」讓你有機會確保孩子學到適當的開頭和結尾語，也能觀察他如何與對方互動，並在他犯錯時立即給予指正。顯然，你應該採取較為寬鬆的手法，如果逼得太緊，你的建議聽起來會像是批評。

最後，別忘了確認你的孩子、祖父母、甚至孩子的朋友都知道，寄到這個信箱的郵件是屬於家中每個成員。這樣的脈絡在溝通中極為重要，面對範圍超過預期的讀者群會讓人錯愕，也是不公平的事。你的目的不是要逮到孩子或他朋友做錯事，而是教導他們良好的數位公民禮儀。

數位金錢觀

網際網路時代的用戶除了毫無頭緒的一般大眾，還有許多嫻熟於網路電商的企業家，你的孩子大概介於兩者之間。當他們要求網購、下載應用程式或從免費增值模式中升級，你需要跟他們談談「數位金錢」這個概念。

的確，我們很容易受到線上購物的吸引，不過，在「應用程式內購」的東西看似頗為低價，但帳單寄到時，往往帶來不甚愉快的驚奇。

「程式內購買」（IAP）的廣告對家長來說可謂災難一場，那些你希望關掉的連續提示或許並非你想取得或希望出現在孩子眼前的遊戲。雖然行銷法規定，某些商品不能在兒童節目打廣告，但「程式內購買」的提示似乎規避了這個限制。它們之所以誘人，是因為這些置入性行銷的頁面，就出現在你即將進入遊戲的下一關時。當腦內啡突然湧現，你很輕易會被那些非真實的「貨幣」給誘惑。如果年紀小的孩子在你不知情或未經同意的情況下製造了高額帳單，或許你還能得到該公司的退款。不過遇到這種情況，你必須改變環境，和孩子談一談。

數位世界中的「金錢」就像由借方和信用卡所代表的金錢那般抽象，比起購買實際的商品，我發現自己對應用程式的小額購買著實不太敏感。我的個性不喜混亂，所以在真實世界買了新玩具或遊戲後，總會擔心要把東西堆放在哪裡。但是，「雲端」擁有無盡的貨架空間。另一方面，類似的問題也適用於新的應用程式——它在我的生活中有什麼用？如果你已經擁有某種繪圖軟體，那麼這款新軟體有什麼特別？即便在數位世界，混亂依舊是混亂。

我曾經詢問「養育數位原住民社群」的家長，如何督導數位孩童對金錢的使用。一位媽媽說，她的七年級孩子放學後會和朋友去星巴克或購物中心喝咖啡吃點心，光一天就花掉三十美元。這位媽媽知道她女兒把錢花在哪裡，因為女兒用的是簽帳金融卡，她會和女兒一起檢查結算單（並讓女兒自己付帳單），這樣或許可以幫助她在花錢上節制一點。再者，對金融卡設定金額限制，或者讓她女兒真的將帳戶裡所有現金都花光，搞不好可以作為一記警鐘。不過，這位成功企業主媽媽在花三十美元吃午餐之前就該三思，她的十三歲大的女兒如此花錢不手軟，也意味著金錢在她心目中沒有轉換成對價的勞動和任何努力。

另一位媽媽提供了「財務素養」的教導策略。她說，我從今年開始給我的八歲兒子零用錢，而且是透過我喜歡的網站 Famzoo 教他管理金錢。我允許他花錢買合適的應用程式——如果他有錢的話。他經常問我能不能「應用程式內購」，我一向不允許，因為我不希望他將零用錢花在購買愚蠢線上遊戲的點數。要向一個八歲小孩解釋買這些東西和那些東西的差異並不容易，就像他可以買《憤怒鳥》遊戲，但我不希望他為了遊戲「破關」而花錢。

我們不難理解家長為什麼不希望孩子花錢買一些非實體的東西，因為那似乎是一種無謂的花費，即使對孩子來說意義重大。一位媽媽決定改變給孩子零用錢的作法：「我以前給他們稱作『金錢軌跡』的虛擬零用錢，從線上購買如應用程式和 iTunes 之類的東西中扣款，結果孩子們因為從來沒看到真的有錢出入，對錢完全沒有感覺。兩週前，我們已經改為給他們現金零用錢。」

擁有銀行帳戶的孩子知道如何取用線上資訊嗎？教孩子安全的密碼保護措施很重要，也許我們認為那是理所當然的事，但孩子未必瞭解不安全帳戶所衍生的後果。

你或許想給孩子「數位零用錢」來購買應用程式、書籍和音樂。一位媽媽說：「我家那個老大（十一歲）擁有自己的平板。他使用我們（在家庭雲端）申請的 iTunes 帳號，如果要下載程式、歌曲或電子書，我們就會收到要求同意或拒絕的訊息。針對應用程式，我們會問他為什麼想用這個程式，或者是否確認過這些程式免費，然後我們會和他一同註冊，確認是否需要提供個資。目前我們不允准數位世代的孩子之間進行虛擬交易。」

數位理財智慧

有些家庭和學校鼓勵兒童培養進一步的財務素養，如利用 Morningstar 或 E-Trade 之類的資源來追蹤線上股市。我的外甥就讀紐約的一所公立高中，學校裡有些學生家長在華爾街工作，該校的學生可以參加投資社團挑戰，在年終時獲得最多虛擬金錢（非以真實金錢投資）的人將贏得獎項。

你也可以教導孩子運作「公司」的原則。或許他們支持互惠貿易，或抱持某種道德立場的公司。另一方面，聽到我外甥的投資社團所進行的短期交易讓我有些不安，多數真實股票持有者會投資到一整學年結束之後，好讓孩子明白在共同基金或存單上的長期成長比短期投資競爭更能說明道理。

如果你的孩子對販賣自製品感興趣，那麼開設一個 Etsy 之類的網路商店可能是參與這類新經濟的好方法。如果你孩子無酬投稿給維基百科這類網站，記得和他們談談，為何我們有時會做沒有報酬的工作，以及如何對大眾利益做出貢獻。你應該教孩子使用線上銀行，或許開設一個帳戶，讓他們存錢支付自己購買的東西。對許多孩子來說，國中階段是從實體撲滿轉換到基本線上金錢管理的適當時機。

孩子可以在諸如 Mint 的應用程式上追蹤自己的財務狀況，你也可以讓他們察看你的財務狀況，即使你寧可他們不知道你的薪水。如果是這樣，那麼分享家庭開銷的餅形統計圖可以幫助他們瞭解為什麼你必須工作、你把錢花在哪裡，以及如何規劃各種支出。利用這個機會，他們會學到為什麼及怎麼省錢，認識「附加費用」！到了國中階段，他們就可以開始真正理解複利、儲蓄、通貨膨脹等概念了。

「養育數位原住民社群」中的一位家長談到她如何和丈夫一起引導女兒負起財務責任：「我們為就讀高中的十三歲女兒開設了一個支票帳戶（我媽在我高中時也這麼做！）帳戶中存入她的置裝零用金、交通卡費和照顧弟弟的酬勞。她自己則存入一些現金，用在其他花費和禮金。她用自己的簽帳金融卡支付開銷，也負起平衡支票簿的責任（在個人財通管理工具Quicken上），如果她想退款（如交通卡）的話。結果，她變得很能掌握事物的價值，她會等降價時再買東西，諸如此類。」

《紐約時報》專欄作家、同時是《三隻小豬養出下一個巴菲特》（*The Opposite of Spoiled*）一書的作者朗恩・利柏（Ron Lieber）主張對金錢問題抱持相對透明的態度，也建議了回答金錢問題的適齡誠實。[8] 孩子有興趣瞭解你賺了多少錢和花了多少錢，他們想知道你的薪水、他們的學費，或者你們房子值多少錢。許多情況下，如果他們有能力搜尋網路（如果他們六歲或者更大一點），他們或許根本不需要去問你，因為這類資訊很容易取得。不過就像「性別認同」話題，如果他們願意來問你，那是很棒的事。所以，當你孩子帶著從網路找到的財務資訊來找你（例如你的薪資或你的房子價格），請做好回應的準備。

財務素養（和信任）

一提到金錢的處理，你對孩子信任到什麼程度？你是否願意讓孩子使用你的信用卡或帳戶？你孩子也許不曾從你錢包裡拿過鈔票，那麼他會不會用你的密碼去網路上買東西？他是否清楚這些情況需要得到允許？請斟酌以下問題：

- 你知道如何阻止孩子進行線上或應用程式內購嗎？
- 你的 iPad 是否無限制連結到 Amazon 網站？你是否給過孩子你的 Amazon 密碼，讓他們查詢電影或節目？別驚訝，如果他們知道密碼，就能自己上網購物。
- 你知道如何管理共用的 Apple ID 嗎？許多使用 Apple 產品和服務的家庭發現，使用共同的 Apple ID 有利有弊。下載的東西最後可以供每個人取用，但綁定信用卡的共用 Apple ID 可能就像賦予孩子一種全權委託。

我最近和家族親友共進晚餐，他們有三個活潑好動的孩子。老二今年九歲，在席間大談他的「夢幻美式足球聯盟」，特別是他在上面表現得多好。我天真地問，他們是否會為了累積點數或金錢而玩遊戲，因為我從同事那兒得知，夢幻足球遊戲中經常出現金錢交易。這個孩子說，他們會考慮金錢交易，但不想郵寄現金。常和他一起玩線上遊戲的夏令營同伴多半不是本地人，所以他們想用 PayPal 交易。但他爸爸說，「你們不能這麼做，不准賭錢！」兒子開玩笑地回應，「如果我們真的做了，你也不會知道。」

這個話題繼續討論到晚餐客人離去之後，這個家庭的成人與孩子之間顯然存在著極大的信任。家長可以對孩子說：「你不能使用支援 PayPal 的信用卡，也不准將銀行帳戶連結到 PayPal。」或者，他們可以讓孩子試驗潛在的金錢輸贏。對許多孩子來說，以這種方式體驗金錢的輸贏是一種學習，但也可能有風險，而且，由誰來設定金額的限制？

說到底，家長應該清楚說明他們所允許和不允許的事，同時承認孩子有能力瞞著他們行事。他們應該表明期待兒子做對的事，以保有他們的信任。

這個故事道出連線生活的某些挑戰。首先，我們的孩子很習慣那些不斷跳出螢幕的購物廣告，也很容易忘記自己正在花錢，尤其信用卡能用於一鍵下單。為了克制購物衝動，我自己會刻意使用必須靠密碼登入的 Amazon 帳戶，以爭取多一點考慮的時間。

連線家庭

數位時代的家庭生活可以過得非常精彩有趣。透過社群媒體的視訊功能，見到住在遠方的姪子和外甥，或透過 Skype 跟祖父母聊天，無疑都是樂事一樁。跟岳母玩 Words with Friends 文字遊戲、和青少年子女傳訊息也很好玩。如果能建立良好的數位習慣與妥當的數位空間，你就不必時時刻刻擔心孩子的科技使用狀況，而他們也不必隨時「提防」著你！

你可以利用關鍵里程碑（新年或生日）查看家裡的科技平衡狀態是否完美，或是需要進行哪些微小（或重大）的調整。

7 數位時代友誼與戀愛

學習經營友誼，是每個孩子成長過程中最重要的體驗。透過遊戲、社群媒體、群組訊息或視訊聊天，他們跟朋友之間互動所遇到的挑戰，並不全然有別於面對面相處時遇到的難題，但是其中有許多社交規則和細微之處，是我們能夠協助孩子理解的。

有些孩子在國高中時期有了迷戀的對象和約會。如同對友誼的經營，這些浪漫關係相較於年幼時的純友誼，並無太大不同（例如，學校舞會依舊令人尷尬），然而在數位世界卻具備需要思考的新維度。以下是你可能遭遇的情況：

- 你一直堅持不給你那讀六年級的女兒手機，但突然之間，她所有的朋友好像都擁有了手機。他們彼此連絡，用手機安排聚會，而你的孩子不想落單。所以你讓她使用你的手機，卻發生了反效果——你受不了一直收到來自一大堆十二歲孩子的簡訊轟炸，而且你不想為了女兒的夜間群組派對而放棄你的手機。此外，你仍然不相信這是她與朋友連絡最好的方式。

- 你有一個念三年級的兒子，他和許多朋友放學後會一起玩線上遊戲。你希望他在放學後能好好寫功課和運動，所以限制他只能在週末玩。但他覺得自己落單了，還表示在遊戲裡也落後了大家。更糟的是，這似乎影響到他在學校的離線友誼。

- 你和十一歲女兒一起檢查電子信箱，結果發現了來自推特、Instagram 和好幾個社群軟體的自動回覆。你很不高興，因為你們約定好等到她十三歲才能申請這些帳號。後來你發現，這些帳號屬於她最好的朋友，一個你認識多年的孩子，她只是利用你女兒的電郵帳號申請新帳號，因為她家長比你更嚴格，不允許她申請郵件帳號。對此你該作何反應？

- 你兒子從童子軍旅行回來，有同學出示了大他一個年級、學校裡所有同學都在討論的女孩傳來的訊息——也許還有照片。他感覺不舒服，因為校車上的朋友揶揄他——他並不想看這些照片。

有時你會覺得在科技環境養育孩子是一件很棒的事，如果不是還有其他孩子的存在！我會指出隨著孩子友誼的成長與變化，你必須留意的陷阱；以及我們應該示範的正面行為。

健康數位友誼

讓我們花一點時間說明目標。以下是一個準備在數位與真實世界建立健康關係、並維繫友誼的理想典範：

- 他瞭解線上和離線朋友的差異。
- 他清楚他的界限。
- 他明白受歡迎程度不是以擁有多少 IG 追蹤者來衡量。
- 他對於排擠的問題很敏感，當這種事情發生時，他能辨識出來。

● 他知道如何利用隱私設定來處理社交個資。
● 他以安全周到的方式處理約會和浪漫關係。
● 他承認有時會發生線上衝突，但也知道如何在離線狀態處理衝突。
● 他能區分普通的情感傷害和線上的殘酷行為。

你孩子接觸到的多數友誼經驗，都類似於你自己的童年經驗，包括交朋友、花時間相處，以及相處後可能吵架。他的朋友團體逐步形成，偶爾也需要耍一點手段在圈子裡爭奪權力，有時難免感覺害羞，或者發生社交失誤。當然，依舊有很受歡迎的孩子、社交棄兒，以及介於兩者之間的大部分人——就像你當學生時那樣。

因此，你會有個參照標準來瞭解你孩子的經驗。然而，當你孩子處在一個永遠開機的連線世界，他的經驗跟你的經驗就出現不少差異，例如遭到排擠、衝突和面對線上相處的殘酷等，無怪乎現在的家長常常很焦慮，在我的工作中，這種焦慮感可一點兒也不陌生。

相同本質，不同（數位）環境

有別於過去年代的孩子在門廊、後院、停車場或購物中心玩鬧，現在的孩子則透過社群媒體互動。你是在城市、郊區或鄉間長大的？你和朋友在什麼地方聚會？九年級時，我和朋友發現高中劇場外有一間無人使用的浴室，我們躲在那裡吃午餐，避開學校食堂的人群，享受私密的空間。同理，現在的孩子也會找尋與同伴共處的私密場所，以遠離成人的目光。

如今，社群媒體和線上遊戲都是他們主要的聚集場所，發群組訊息或加入某個社群平台，是許多孩子參與聚會的方式。他們也許會和朋友或其他更大的團體打交道，而不同的團體有不同的動態，而且一直在變化。再者，參與社群的規則似乎由某些人制定，其他人跟著遵守。

你的孩子可能正在跟人分享群組訊息，但仍然感覺落單，而其他人或許漫不經心，並沒察覺有什麼不對勁。如果你是叛逆的國中生，或許你可以特立獨行到不在乎別人怎麼想，但依據我對國中生的觀察，這種事不常發生，就像你很清楚，在學生時代擁有一夥「狐群狗黨」是多麼的重要，就算只是一兩個和你共享午餐或鬼混的朋友。

從類比到數位社交

過往的世代很可能比現在的孩子擁有更大的獨立性，以及更缺乏結構性的時間觀。數位科技會影響到友誼發展、衝突解決和權力鬥爭的方式。再者，你的個性可能跟你孩子截然不同，或許你從小到大不停地搬家，所以發展出全面性的交友技巧，而你孩子則從幼稚園到高中，最好的朋友都是同一批人。你孩子的環境跟我們的童年經驗有個很大的不同，那就是，學校裡的閒言閒語和紛擾會透過簡訊和社群媒體，輕易地傳進他們耳裡。

因此，你也許該考慮幫助他跟別的社群建立連結，尤其如果他正經歷負面的社交紛擾。除了學校，許多地方也可以讓孩子們建立連結，例如透過宗教社群的幼童軍團體、當地公園和休閒部門，或是社群團體提供的課程及社團等。

我由於工作的關係，得以接觸到更廣泛的族群。念國中時，不算「舞會之花」的我去參加了一個由退休人士組成的照相社團，那裡的社員熱情又友善，給了我全然不同的體驗——脫離十三歲小孩的泡泡圈竟然有意想不到的好處！

成長和認識自我是一件複雜的事，我們不希望孩子在數位領域「眾包」他們的身分，如果執迷於每日的回饋或諸如此類的事，會造成一種安全感匱乏和需索的循環。你應該協助孩子標示自我的身分主張，並成為一個支持良好友誼的朋友。這種心態應該從真實世界的互動擴展到線上關係、社群媒體及線上遊戲。因此，當社群媒體讓你孩子產生了負面觀感，那麼至少放學後和晚上進行「不插電」時間，就更形重要了。

往昔的環境，與今日數位世界有哪些不同？

- 以前你可以躲在家裡，避開學校的紛擾。
- 大人不太可能看見孩子之間的紛擾或殘酷困境（現在依舊如此，不過有時孩子會把線上畫面儲存下來，或是轉發一些討人厭的留言）。
- 孩子只能跟住附近的熟識朋友互相比較（對許多孩子來說，同儕圈越廣，越不用被當成比較的對象）。

追蹤令人受傷

如果你孩子追蹤了社群媒體上的某個人，而對方一直張貼讓你孩子感覺落單的東西，你應該建議他取消追蹤這個人一段時間。直接要求他斷線或刪除程式的作法可能太極端，但你可以做一點暫時性的處置。如果追蹤這個人讓你孩子自我感覺很差，他或許也會贊同延長或維持斷線模式。

有時刪除程式（或被動等待被邀請加入某社交空間）是最好的處置。讀五年級的卡麗娜告訴我，有個女孩在某社交平台把她給封鎖了。被封鎖的確很痛苦，但好過眼睜睜看著對方分享跟我無關的一切。卡麗娜比起多數社群媒體建議的十三歲使用下限還小上個幾歲，她提早進入了數位環境，也因此，她可能獲得的負面感可能遠超過正面的好處。這就是家長需要介入引導的狀況，或許家長應該讓她停用這個社交程式一段時間。

身分衝擊

當孩子上了國中，代表他們已經處於人生發展的關鍵點。他們開始建構自我身分，嘗試新的形象和設立界限。如果你家中有一個六年級的小孩，我想你知道我在說什麼。這種自我認同感的建立很正常，但當你將社群媒體放進國中這段劇烈變化的成長期，事情就更複雜了。

身為家長，我們必須和孩子討論如何分享，以及如何選擇順從或抗拒。有些孩子在國中階段變得很明顯地從眾，以通過嚴酷的社交篩選。有些孩子則從小到大都試圖融入團體，追隨眾人。你必須克制自己對孩子的順從與否做出批判，從而幫助他自己去發現這件事。你要讓孩子對他自己的選擇感到自信。身為家長，也許我們不希望女兒放棄她最喜愛的冰上曲棍球，只因大部分同學都受到體操的吸引。但另一方面，如果你女兒只想擁有一條跟她朋友一模一樣的頭巾，請不要馬上指責她的想法。

大受歡迎的廣播節目《這種美國生活》（*This American Life*）主持人以拉．葛拉斯（Ira Glass），在某一集中訪談了三名高中女孩（兩個十四歲、一個十五歲），關於她們的留言如何強化了她們彼此的友誼。[1] 這件事很值得注意，並非因為這是普遍的規則，而是我們可以藉此瞭解，孩子們打交道的團體（無論什麼團體）都有規則可尋。

舉例來說，女孩們認為在別人手機上留言，是一種認識彼此的方式，讓對方知道你想跟他當朋友：「我們才剛升上高中，遇見很多新的朋友，我會在不算親近或熟識的某人照片上留言作為一種表述，說明我想當你的朋友，或者我想認識你，或者，我覺得你很酷！」2

節目上的女孩也討論了互惠的重要性。如果你收到留言，你可能也被期待要回覆留言者的照片。當親近的朋友不在你分享的照片上留言，她們說：「這讓人不安。就像你期待對方留言，而對方沒有這麼做，你也會不安。」女孩珍認為，如果對方沒有回應，我會覺得好像被冷落似的：「如果我朋友看見我分享的照片而沒有去留言，應該是她們故意表現出不喜歡的態度，此外，也會讓別人認為我們不是朋友。沒有人來留言，就代表沒人看到，或是不喜歡。」

不過這些女孩宣稱她們不曾要求別人回應，因為一直期待別人來留言「似乎有點膚淺」，但她們覺得有義務符合某些共同期待。

女孩們提到，她們的爸媽都認為，一直去關注有沒有留言根本是浪費時間。我想，這些家長如果能對這年紀的孩子更有同理心一點，理解他們需要正面情感的強化，或許比較好。持續回饋的可能性，加上青春期的挑戰，會產生一種難以抗拒的循環，這個循環讓孩子渴望收到更多的留言，儘管他們已經獲得不少留言。

家長應該保持幽默感，對青少年的「交友儀式」有所理解，不應該一味認為孩子在意的都是些蠢事。不過，十四歲大的孩子就比較有能力去看見雙方的觀點，並對自己急切需要回應抱持著理解。培養這種距離和觀點是成長的必經之路，女孩艾拉引述媽媽的話：「為什麼大家都做這種事？好比說，為什麼有五十個人覺得他們需要告訴你，你很漂亮？」而另一個女孩茱莉亞則相信她爸的看法：「這有點蠢」。

朋友 vs. 追蹤者

「朋友」這個概念，或多或少已經被社群媒體給重新定義了。無論我們喜不喜歡，社群媒體改變了「朋友」這個概念，這值得我們去掌握箇中的差異，以幫助孩子理解。線上友誼無疑增加了社交領域的挑戰——彷彿事情還不夠複雜似的！

現在的孩子面對了比我們以前能接觸到的更多大眾。這個「大眾」有兩個層面，包括由他們認識的人所構成的大眾，以及，碰巧看見他們貼文的大眾。無論你是長年使用網路，或是剛開始使用社群媒體，有個一直存在的問題，那就是你的觀眾有多少人，以及包含了哪些人。每個使用者的生態系都是獨一無二的，如同指紋，每個使用社交平台的人都有一個由朋友或追蹤者構成的宇宙，而不止一個平台的使用者則擁有多重宇宙，這些宇宙也許很小，或許相當大。在如推特的平台上，觀眾可能成長到難以計數，你根本無法認識所有的追蹤者。

許多成年人會聯想到臉書早期，他們必須跟提出要求的人連結。即便是現在，如果你在工作上認識的同事想加你好友，拒絕對方都是一件挺尷尬的事。我建議你設立清楚的界限，比如公開說明「我不和工作相關的人加好友」，會有幫助。

年幼的孩子尤其需要建立一種穩固的界限。舉例來說，也許你不允許他們跟你（家長）不認識的人成為好友。在與年幼孩子討論到他們期待同伴怎麼表現時，請視孩子的社交成熟度，跟他們談談有關「親近朋友」及「交友圈」的概念。在他們進入社群媒體之前，和他們討論構成「好友」的要素；或者詢問他們，為什麼某人可以成為好友的原因。

在工作坊中，我詢問一些三年級孩童：什麼是構成好友的要素。他們會說：「好人」「一起玩很開心的人」「可以互相分享的人」「不卑鄙的人」或者「感覺好相處的人」。而當我問他們，什麼樣的人適合一起玩遊戲，他們也有類似的答案。他們喜歡「不會生氣的」「不作弊」，或者「不會因為輸了就不玩」的朋友。透過這些對話，可以促成孩子們對建立界限的瞭解。

建立界線的目的，是讓孩子瞭解友誼是價值觀的一部分，而非附屬於特定平台或社群媒體的某種行為形態。那不僅是禮儀或社群媒體管理，而是他們核心價值的一部分。那正是數位公民權。

不同類型的朋友

教導孩子「真正的朋友」和「社群媒體圈」的差別，是一件重要的事。這些類型的標準是什麼？如何知道其中的差別？能不能跟沒有碰過面或講過電話的人成為好友？追蹤者能否能成為你的好友？

先從設定簡單的限制開始。如果你的孩子剛剛接觸社群媒體，請給他一些輔助訓練。你可以規定他只能追蹤已經認識的人，甚至是你也認識的人。或許這些規定是暫時性的，但你一開始可以這麼做。請孩子將帳戶設為「保密」狀態，每個追蹤的要求都需要經過同意。

社群媒體平台的隱私設定和政策時常在改變，我能提供的永久或特定建議非常有限，但是，你可以請孩子秀給你看別人的交友頁面和設定方式，做為一種參考。與某種特定程式相關的策略，只有當這個程式還存在或尚未更新時才管用！我用的技巧之一，是將「隱私設定 APPNAME 20——（當年）」鍵入我最喜歡的搜尋引擎，找尋關於隱私議題或最新的文章。當 Snapchat 於二〇一五年被駭客入侵，四千六百萬用戶吃了苦頭才發現，社群媒體可不是一個分享私密影像和消息的好地方。

數位時代的迷戀

皮尤研究中心（The Pew Research Center）的「網際網路與美國生活計畫」是我最看重、關於孩子與家庭科技的資料來源。二〇一五年十月，該機構發表的研究顯示，網路帶給孩子的經驗跟大人一樣，也會讓他們陷入愛河、迷戀對象、生氣或報復等。[3] 所以，情況跟E世代之前，並沒有太大變化。但對於那些擔心科技會讓約會問題更形複雜的家長而言，我有些好消息：研究表示，至少在二〇一五年，大部分的孩子不會真正和線上網友碰面或「勾搭」。

感覺起來，約會這檔事已經全面轉移到網路了，但根據研究，只有百分之八的美國青少年會與線上的曖昧對象碰面。[4] 雖然我們看見有些少年使用 Tinder、Grindr 或其他交友程式，但這些程式原本只提供給十八歲以上的人使用。再者，就像一個九年級孩子的媽媽告訴我的，這類程式近乎淫猥的暗示，她兒子艾力克斯與透過 Tinder 認識的女孩塔莉亞展開了傳統的約會關係。

在早年，「傳統」，意味著艾力克斯的媽媽會開車載兒子到書店或咖啡館與塔莉亞碰面，此後艾力克斯的媽媽見過塔莉亞的家長，兩家人一起去看孩子的籃球比賽和戲劇表演。艾力克斯和塔莉亞分別住在相隔僅二十分鐘車程的郊區，但這樣的關係無異於如果他們是在某次游泳或辯論比賽的情況下認識。

對於男同性戀、女同性戀、雙性戀和跨性別者及泛性向的孩子來說，社群媒體和網際網路可以提供他們正面資訊和社群連結，當然也可能成為霸凌的場所，家長必須了解其中的風險。而對於試著在不同情況（例如在某些場合公開性向的孩子）體驗不同身分的幼年人而言，社群媒體呈現了諸多複雜性。以下網站為孩子及家庭提供了資源：http://www.safeschoolscoalition.org/、http://www.glsen.rog 和 http://www.impactprogram.org/lgbtq-youth/youth-blog/。另外，我在第五章提到的《給同性戀孩子的爸媽讀的書》一書也可做為參考。我想所有孩子都需要關於性、身體和性健康的適齡資訊。

因持續連繫而改變的期待

一旦青少年或八至十二歲孩子涉入浪漫的情事，他們對彼此的期待，必然會因為能跟對方維持不間斷的連線，而與過去有所不同，類似於我們對成年以後所建立關係的期待。舉例來說，我丈夫和我在有手機之前就開始約會了，然而，我們現在對保持連絡的需求顯然高於早前沒有隨身攜帶手機的時候（儘管還是遠低於青少年！）據調查，高達百分之八十五的青少年會期待至少每天都能收到男女朋友的訊息，而百分之十一的青少年，則期待每小時都可以知道男女朋友此刻在做什麼！[5]

青少年才剛開始習慣伴隨著青春期出現的身體與情感變化，包括迷戀跟自己同年齡的對象。在過去，這類情感交流可能是共用午餐或偶爾看場電影，如今每對情侶都能透過不間斷的通訊來維繫感情。我會提醒孩子，能隨時連絡得到你所迷戀的對象，不表示你得這麼做。不傳簡訊也是OK的。

另一方面，調情、暗示和設法弄清共同興趣的作法，已經移往數位領域發展。在皮尤研究中，百分之五十的青少年會使用臉書或其他社群媒體來調情或表達愛意。[6] 雖然孩子們或許仍然偏好在學校或透過朋友介紹遇見心儀的對象，但社群媒體才是讓他們自在談情說愛的場所。

對於關係的經營，孩子們可能表現得笨拙、無能或不成熟，他們畢竟是孩子！在我的焦點團體裡，某個女孩描述了一群男生不斷傳簡訊糾纏她，直到她回應。然後，有個男孩刪去了先前的簡訊，讓畫面看起來好像是女孩先傳簡訊給他，接著他秀給朋友看：「瞧，她傳訊息給我耶！」當孩子的交流出現這種狀況，家長可以介入關切，或者讓孩子自己藉由錯誤的嘗試，而找到解決辦法。

想想如何督導你的孩子。問問他們：在數位空間裡，別的同學所做過最惱人的事是什麼？以及，當這種事情發生，他會如何處理？有一位家長指出結婚／親吻／殺人都可能出現在現實環境，數位連結只不過讓事情更容易被廣泛分享罷了！和孩子談談，當人們傳送或張貼只限朋友讀取的訊息，可能會發生什麼事？這種事是否常常不被尊重？你孩子是否曾看見有人分享某些簡訊的截圖？為什麼有人會這麼做？當他知道這在技術上可行，而且經常發生，他如何保護自己？

處理不想要的關注

除了認識對象和展開戀愛，在傳統（面對面相處和講電話）和數位領域（社群媒體、傳訊息、電子郵件），孩子也要面對分手問題，並且拒絕不想要的關注。皮尤研究報告中，有百分之二十五的青少年曾經刪除好友或封鎖社群中的某人，因為對方以令他們不舒服的方式互動。[7]或許不令人意外，青少女在線上更可能遭遇令人不舒服的調情，百分之三十五的女孩曾經刪除朋友或封鎖某人，這個數量超過百分之十六採取相同行為的男孩的兩倍。[8]

要討論這類經驗，你可以詢問孩子，他或他朋友是否曾因為被糾纏而封鎖某人。讓你孩子知道，這種侵略性的行為不被接受，也毋須忍受。萬一刪除或封鎖肇事者之後，對方並沒有停止騷擾，那麼或許需要連絡校方或有關當局。

騷擾有很多種形式，包括了分享別人的性經驗（無論是真實或捏造）。在某一場我對家長的演講中，有位媽媽告訴我，她女兒的手機一直保持即時通開啟狀態。在一次團體通宵活動之後，她女兒傳簡訊給某男孩說：「我不敢相信你告訴每個人，我們@#$#ed！我不會再靠近你，你知道我的意思！」之後的幾次簡訊來回間，男孩表示抱歉，而女孩回應：「別再造我的謠！」最後他們似乎達成共識：「OK，我們現在沒事了。」這位媽媽沒有對女兒提及此事，反倒對女兒捍衛自我的態度感到驕傲。她知道在這個年齡層的孩子多少會對性產生興趣，因此設法更頻繁觀察女兒對性與關係問題的處理。

儘管女孩更可能面臨被騷擾，或被迫封鎖具有侵略性的「調情」，但我也要指出，過度熱情的追求，勢必產生兩種結果。很多家長跟我說，他兒子接到女孩打來的電話或簡訊，實在不知如何處理。尤其在五到七年級階段，女孩反而比較容易對男孩產生興趣，但此時男孩尚未做好準備。

學習處理沒有得到回報的感情問題，是每個人學習愛與關係的里程碑。社交領域越廣，互動就越微妙，身為家長，我們應該藉機引導孩子和設定必要的界限。

有位男孩家長敘述了與另一女孩家長的對話：「我告訴那女孩家長，她女兒一天傳送三、四十則簡訊給我兒子。但對方家長叫我別大驚小怪！」顯然，這是迫切需要建立的界限。較年幼的男孩可能不知道如何回應，或者以殘酷或令人尷尬的方式回應（例如和每個人分享簡訊）——結果讓情況雪上加霜。另一位媽媽告訴我，她的女兒從她迷戀的男孩那裡收到非常不堪的簡訊回覆，當她告訴那男孩的媽媽時（她們認識彼此），男孩媽媽完全置之不理，讓女孩的媽媽驚訝又失望。

如果其他家長來找你談孩子的行為，請不要過於防衛。你反而應該感謝他們來告訴你，並且表明你會處理的態度，而且願意回報解決的方式。和其他家長合作，可以協助你督導孩子。督導是為了建立、而非分裂社群，我們對孩子及其同儕團體越瞭解，就越能幫助他們成為一名稱職的數位公民，闖蕩數位世界。

科技講求功能，而人離不開情緒

傳簡訊似乎是與朋友彼此連繫最方便的方式，但其中藏有不少陷阱。對許多成年人而言，簡訊的用處在於功能性和實用性，簡訊能夠快速交流和制定計畫。另一方面，情緒議題是無法妥善地轉譯到文字訊息或社群媒體中的，因為對於一個單純的媒介而言，情感過於複雜。我們可以和孩子談傳簡訊的功能面，但如果關係是透過文字建立，那麼情感和期待也會寄託在文字之中。和孩子談談透過文字聯繫情感可能會發生的狀況，好讓他們瞭解什麼恰當，什麼不恰當。

當朋友沒有回應你的簡訊，培養孩子耐心以對。最惱人的事莫過於當你打開手機，發現某人傳了二十通訊息給你——他就是無法理解你正在吃飯或寫功課，無法即時回訊息。你可以開導孩子，讓他們練習想像朋友可能在忙些什麼，並為他們設定界限，對可能錯失的東西不再焦慮。

相同的問題也出現在線上遊戲。例如，強納生常常玩《當個創世神》。有時對方已經離開遊戲，但電腦仍處於連線狀態。換句話說，對方看似在遊戲中，其實不然。當某個玩家沒有回應，同伴可能會覺得受傷，以為被故意冷落了。有一個解決辦法是，提醒孩子離開遊戲時要記得關閉遊戲，讓線上的伙伴知道他已經不在活動中。

傳訊息和溝通將構成孩子重要的社交能力，你得花時間幫助他們學習這些不成文的規定。根據我的經驗，孩子們往往希望有機會討論傳訊息可能帶來的挑戰。以下是幾個跟孩子溝通的問題。某些情況下，要求一群孩子共同討論這個主題，比起進行一對一談話能引發更多的討論。

- 關於群組訊息，有哪些好玩或不好玩的地方？
- 你的朋友之中，有沒有人傳了太多訊息，或者太常傳訊息？
- 如果你傳訊息給某人，對方沒有立刻回應，你怎麼辦？

- 你的朋友之中，是否有人曾經將你的訊息給別人看？

試著保持客觀，不要急於說教，讓孩子描述他的經驗。

社群媒體中的排擠

無論有意或無意，孩子會排擠別的同伴。在真實世界的社交圈，這種事處理起來並不輕鬆，而在數位世界，線上動態讓一切更顯得複雜。

我創設了「兒童社群媒體工作坊」，提供空間讓孩子們討論某些因為社群媒體而更加惡化的問題：如果大家都在一起玩，你卻被排除在外，那是什麼感覺？事後知道錯過派對也就罷了，最受不了的是看見同伴貼出你沒被邀請的聚會大合照。

我工作坊的孩子說，如果朋友對他說謊，看見這種貼文他會更受傷——即使某人公開表示因為其他計畫，所以不能和大家去玩，但後來有人發現這些計畫不包含他們在內，也可能感覺很糟。即使看見同學是和他的家人在一起吃喝玩樂，也會有人感到落寞不已。為什麼呢？因為在社交媒體上，我們很少記錄下爭吵畫面或孩子在後座打架的不愉快場景，而傾向分享某個幸福的片刻，至少每個人都會對著相機微笑。社群媒體總是展示正面生活（這是好事），卻往往設下不可能實踐的標準。

社群媒體表述行為的本質

除了感覺錯過特定經驗，社群媒體也導致我們對生活抱持不健康的心態——如果我們沒有那些贏得勝利、微笑或擁有光鮮亮麗的時刻。在這個連線時代，成年人能提供給孩子最重要的訊息是：社群媒體具備強烈的表述行為要素。人們在社群上分享片段的自我，有時是經過盤算，有時則是不假思索。

身為家長，我們需要對擁有手機的青少年或八至十二歲孩子的心情感同身受。想像一個六年級孩子，週六晚上待在家裡看著未受邀請的派對照片展示在臉書上，是什麼樣的心情？如果他是十年級生，情況會好些嗎，因為更有自我安全感？或者更糟，因為他會發現他已經被排除在外好幾次？當孩子年紀更大一些，他們或許會更擅長處理這類情況，但對某些孩子而言，高中甚至大學可能就像一系列不斷錯過的社交事件。

和你的孩子談談人們在社群媒體展現快樂和人脈的方式，並且提醒他們，這類貼文有時會掩蓋住悲傷、自我懷疑和不安感。賓州大學學生麥蒂森・霍勒倫（Madison Holleran）自殺後，她的朋友回憶他們一起創造出來的大學新鮮人生活的快樂表象，儘管私底下每個人都艱難無比地應付這個時期。在「麥蒂森・霍勒倫的朋友分享他們未過濾的人生故事」這篇動人的文章中[9]，霍勒倫的親友分享了在張貼於 Instagram、看似快樂的照片中真正的感受。這是一篇值得高中生孩子分享的好文章，裡面提到，社群媒體給人的感覺，就像一個必須在其中演出的舞台。

如何感覺不孤單？

為了讓孩子感覺不孤單，你可以分享自己遭到排擠的經驗。鼓勵孩子給自己放一小段「社群媒體假」。尤其如果你孩子正處於更換朋友群組的過渡期，或是剛結束一段友誼，那麼花費太多時間在關注「前朋友」可能不太好。這個原則同樣適用於浪漫的戀愛關係。你孩子或許忍不住花上許多時間在社群追蹤「前任甜心」，面對這種痛苦的行為，我們必須傳授他替代方案。

提醒孩子，他們可以封鎖某些人，甚至拿家長規定作為藉口，以減少花在社群媒體的時間。如果事實是：除了你，大家都在臉書上消遣，甚至還設法讓你知道你落單了，那麼很明顯，他們就是要你不舒服。因此，不知道還比較好。你可以用以下問題作為開場白，和孩子談談社群媒體上的情況。

- 你是否認為有人在社群媒體（或群組訊息）感覺落單？
- 說一說你因為看見 Instagram 上某事物而感覺落單的經驗。
- 說一說你考慮不分享貼文的經驗，因為你擔心有人會覺得落單。
- 如果你在 Instagram 上刷頁面時，不斷覺得錯過了什麼，你可以怎麼做？
- 你是否曾經覺得暫停使用手機，會錯過某些重要的事？
- 你是否曾經認為，有人故意貼出跟朋友玩樂的照片，好讓別人覺得落單？
- 做這樣的事，能讓他獲得什麼？

「如果你覺得被排擠了，要怎麼樣讓自己舒服一點？」我詢問工作坊的一群國中生。他們這麼說：

- 看電影
- 吃冰淇淋
- 打電話給其他人，邀請他們過來。
- 不要看，把手機收起來！
- 去運動
- 找家人討拍

這些孩子承認，如果找其他朋友過來，他們或許也會忍不住想拍照並分享在社群媒體上。為什麼要分享照片？一位女孩說，她希望「展現擁有學校之外的生活」。另一個孩子說，「當你在做一件好玩的事，分享出來很有趣。」其他孩子指出，社群媒體是標記重要時刻和保存記憶的方式。

我問這些孩子：「你們是否認為，人們不該分享排擠別人活動的影像？」他們異口同聲：「不！每個人都有權分享啊。」有位女孩解釋：「一張照片還好，兩張就有點多，同一個活動的照片發了三張就會讓人厭煩。」如同我在前文提到的，不同地區和背景有不同的規則，讓孩子自己定義所屬社群的社交規則。

收起手機是這些國中生認同的好點子。我會告訴孩子，選擇不去反覆咀嚼受到排擠的感覺，是邁向賦能的一大步。

衝突（與修復）

科技本身通常不是造成青少年或八至十二歲孩子苦惱的根本原因，但科技確實可能使得問題惡化。如果將數位世界理解成一個平行世界，那麼我們會看見問題也存在於現實的類比世界。可是，當你將這些問題放進數位環境，就會發現它們變得複雜，或者增加了層次。

在我的工作坊，我和孩子一起腦力激盪，尋找方法來修正在數位領域犯下的錯誤。常見的問題之一是「過度分享」，也就是說，孩子分享了關於自己的秘密。另一個問題是，他們分享了朋友的消息。

我們都知道發文被過度分享之後，是無法撤回的，但孩子本能上會設法控制損害的程度。在工作坊的訪談中，孩子們坦誠他們會撤下冒犯人的貼文或刪除照片並且道歉，至少讓別人知道那是個錯誤。

但是他們如何彌補過錯？從幼年團體到有宗教背景的社群，乃至於公立學校等團體，我聽到孩子們提出的解決之道著實令人擔憂。舉例來說，許多孩子會試圖散播謊言來掩蓋他們已經分享的事實。另一種方法則是允許對方報復：「我會讓我朋友也去散布關於我的謠言。」這些犯下社交疏失的五六年級孩子迫切需要盡快解決問題，他們正在學習如何應付複雜的社交關係，他們才剛擁有第一個裝置（手機或平板），很難拿捏溝通的尺度與平衡。

我們必須幫助孩子瞭解，謠言、謊言和報復只會讓情況更糟。孩子著眼於問題要立即解決，往往看不清大局。有時關係中的信任參數起了變化，你得花時間修復，急於馬上修補被破壞的信任，確實會讓事情惡化。

特別是，你要讓孩子明白，不親自溝通的話，可能就無法修補情緒爆棚的情況。因此，明智地選擇溝通媒介，也不要因為害怕而行動，才是解決衝突的關鍵。[10] 我們必須教會孩子：當我們收到惱人的電郵或簡訊，需要花點時間喘口氣。如果可以，盡量跟發送訊息者進行面對面的溝通，或至少透過電話談談。想想你自己的情況，有時收到某封工作上的電郵讓你火冒三丈，那時如果有機會跟對方面對面交談一下，或者接收到對方一個具有同理心的眼神，都足以緩和局面。

你可以和孩子聊聊，如果有人鼓動他們加入別人的衝突，該怎麼辦？如果他們看見群組訊息出現惡意對話，或者某人照片下方出現粗魯的留言，他們應該怎麼做？有時雖然我們能避免衝突，卻可能無意間在情緒上捲入別人的衝突。如果你孩子被迫見證或被拉進這樣的衝突，他應該明確表達這些對話令他不快，然後藉口脫身；或許他可以連絡做出此惡意行為的人，表達對於發生的事感到遺憾。務必讓孩子知道，如果情節嚴重或具有威脅性，他就應該向家長、老師或負責的成年人報告。

每個人都會犯錯，而孩子需要知道「關係很複雜」，即便對成人而言都是如此。我們都應該以誠懇、同理和耐心去處理關係的難題。你如何示範「修補一段關係」？你能不能跟孩子分享自己溝通上的錯誤，並示範如何妥善解決問題？

我工作坊有位家長分享了自己對關係修補的作法：「我以為每個人都知道馬西阿姨懷孕了，所以在臉書上講了這件事。馬西絕對有權利生我的氣——因為這不是我該分享的消息。在我自以為「人家都知道」之前，我應該先和她核對這個消息的公開程度。所以，我打電話跟她道歉。我們談了好一會兒，我保證不會再犯類似的錯誤。」

耐心是最難傳授給數位原住民的特質。這個世界講究快速溝通，卻加深了一種急迫感。我們能理解孩子希望盡快解決事情，[11] 沒有人想承受關係惡劣的壓力，但是修復關係需要時間，未必快得起來。你得讓孩子知道，花時間把事理釐清是必要的，犯錯讓你有機會教導孩子良好的人際應對。承認疏失、真心道歉，重新當個好朋友，才是處理問題的方式。[12]

與數位空間相關的另一項挑戰是，這些疏失在朋友圈中被公開的情況。國中生家長之間經常出現一種共同憂慮：孩子的人際糾紛在更大的群組中可能為他們帶來尷尬的處境，一點點紛爭很快演變為全校皆知的衝突。事實上，在小團體中的應對疏失，更可能帶給你的孩子夢魇，例如，他想在群組訊息裡搞笑，結果大家都解讀錯了；他在某人照片下留言，卻說話不得體；他貼東西沒有人按讚留言，他覺得丟臉或孤立。青少年珍在《這種美國生活》節目受訪時指出，她將社群媒體視為一個「用來打造社交圈，看誰跟誰在一起，誰跟誰一起玩，誰跟誰是好朋友」的地方。[13]當然，有時這些揭露會帶來痛苦。

在孩子拿到第一支手機之前，我都會提醒家長：社群媒體會升高事情的態勢，它不會讓你那原本內向的孩子變得外向，它不會使有自信和安全感的孩子變成霸凌者或被霸凌。然而，它可能提高群組間爭奪權力、排擠感和社交困境的聲量。社群媒體傾向於放大朋友間的衝突，有時一個小爭執會演變成一場重大的衝突。

將問題嚴重化

在每一個社交領域，衝突都是不可避免的。當衝突發生時，社群媒體絕對無助於事情的解決。我主張：「一覺得不對，就馬上下線。」教孩子改善關係的技巧非常重要，因為當他們試著解決爭端，可能在急迫的壓力下讓衝突迅速升溫。請孩子想一想，什麼時候最需要發揮克制力，他必須耐著性子在面對面的討論中妥善解決問題。講電話也有一定的效果，但我們很難透過文字訊息來解決爭執。你可以建議孩子，用簡單的訊息來避免讓衝突嚴重化，例如，他可以這麼跟對方說：「傳簡訊可能不是討論事情好方式，我們能不能見面聊一下？」

即使不回應，也可能造成誤解。我們要告訴孩子，他必須維持妥當的界限，好讓他的朋友知道他何時無法回應。當然，這不表示他的朋友不會因此覺得挫折。在我的焦點團體裡有個很受歡迎的運動型女孩，她十二歲，擁有龐大的朋友群。她說：「當你沒有立刻回應，別人會以為你在生他們的氣。他們會傳訊息問說『你在生我的氣嗎？』你可以告訴他們，沒有，我沒有生氣，我只是不想一直盯著手機。我有收到你的訊息，只是還沒有時間回應。」

這個女孩指出，許多程式都能讓你知道某人是否已讀訊息，如果對方還沒有讀訊息，要克制不耐煩還比較容易……但如果訊息已讀不回，那麼我可能會納悶，為什麼對方不回應。

家長必須幫助孩子處理這種類似的延遲、培養他們的耐心與理解，甚至分享自己的經驗。你可以說：「我有一次傳簡訊給你老爸，想知道他的旅遊規劃，好讓我能趕快訂機票。等待真是辛苦，但我敢說那時他正跟老闆或客戶談話。所以我趕緊找點別的事來做，免得忍不住一直煩他。」

在數位領域中的溝通，往往有「提油救火」的時刻。喜歡添亂的朋友圈往往會分享大大小小的衝突，讓衝突越演越烈，而八至十二歲孩子和青少年可能急於跳進別人的衝突之中。問問孩子，他是否曾經感覺「被徵召」進別人的衝突裡。當群組出現令人不快的交談，或者某人在別人的 IG 照片留下不堪的文字，他會不會涉入？他的涉入對情況有幫助，還是變得更糟？就像我常說的，衝突可以成為一種群眾運動。

在我經營的焦點團體中，某個七年級女孩描述了因為照片留言而產生的衝突：「多方人馬都想拉你進入因為愚蠢的理由而發生的爭吵。我試著不要捲進去，然後有人就看我不爽，最後情況變得很複雜……。」

如果你家裡有讀國中（或小學高年級）的孩子，你可以讓他知道，他完全可以拿你當藉口。當群組訊息往負面發展，有人以惡劣的語言八卦某同學（或老師），他可以說：「我爸正在看我的手機，我得閃人了。」或者「如果我參一腳，我麻煩就大了。」他也可以採取立場：「這種事越來越無聊了，我退出。」有時用家長當藉口非常有用。

在研究女孩之間的關係攻擊的《怪女孩出列》（*Odd Girl Out*）一書中，作者瑞秋・西蒙斯（Rachel Simmons）以兩個女孩的簡訊對話為例：一個女孩慫恿另一個女孩排擠第三個女孩，手法相當粗率。西蒙斯發現，「表面的友誼可能成為猛烈關係攻擊的掩護」。當然，這種攻擊不限女孩，男孩也會經歷或害怕這種攻擊，即使我們以為男孩子的互動比較直接，會拳來腳去而且公開。[14]

男孩女孩都能透過簡訊或社群媒體展現微妙的攻擊性。數位領域的溝通有一些嚴重的缺點，例如簡訊或留言可以被複製，一看再看，而且很容易分享（你要不要看看這則訊息——真不敢相信她竟然這樣說你！）我們很容易斷章取義別人的分享。莫妮卡・陸文斯基（Monica Lewinsky）在 TED 演講「羞恥的代價」中，描述聽到她與（她以為的）朋友通話的痛苦經驗——在發現那些不堪的內容早已被公開之後。[15] 我認為每個人都會遇到這類經驗，即使你不是當事人，但你可以想像一下，你在談話中毫不保留討論某件非常私人的事，然後這些談話被錄音並且傳出去了，極大程度地破壞了信任。幸好，我們多數人不會有公眾高度感興趣的談話被錄下來，像陸文斯基那樣。然而，就算只是一則遭到斷章取義的文字訊息被出示，也感覺像遭到了重大的背叛。

殘酷線上世界

理解孩子在線上世界扮演的角色，有助於對他社交情況的掌握。你孩子在社交方面是否受人歡迎，有人「追蹤」他的一舉一動——或者，他因為沒半個追蹤者而感到失落？他是否「追蹤」好幾個對方根本不認識他的人？他在群組發言，是因為想參與，還是擔心如果不說話，別人會有意見？幫助你孩子設定一個健康的社群界限，讓他帶著自尊和堅定的自我肯定，度過青春期。

當社群媒體成為你孩子生活的一部分，你或許就能知道他所適合的社交區位。你兒子是個「阿爾法兒童」，在團體中被很多人崇拜或畏懼？你女兒容易在社交上受傷，更像一個急於取悅他人的小跟班？又或者，你兒子是個有自信的內向者，他有一兩個好友？請盡量去解讀孩子的空間、界限、模範和影響力。藉由觀察和不妄下判斷的態度深入孩子的世界，提供周全的支持。

一旦你瞭解了孩子的社交地位，就要求他跟你分享對其他同伴在社群媒體上呈現形象的看法。如果他想下載某個應用程式，他清不清楚別的孩子都怎麼使用這個平台？你可能經常看到某個程式的頁面，即使你沒有帳戶。你孩子對同伴的批評會告訴你很多事！你可以問他，是否在見到某網友本人時嚇了一跳，如果他們先前沒有見過面。

當霸凌或不良行為發生，事情會變得敏感並充滿情緒。教孩子區分霸凌和典型的衝突，他知道這兩者的界限嗎？他知不知道什麼狀況下，事情的發展太過分了？他會不會覺得上學沒有安全感？如果事情失控，他會跟你說嗎？好好掌握這些情況，萬一事態嚴重，你才有處理的方式。

某些指標能幫助你判斷，家長何時應該關切發生在數位世界的行為。例如，你發現你孩子還蠻享受這些網路紛擾，而且在衝突的混亂中如魚得水？這肯定會有麻煩，此時你就該以督導者身分介入。但是如果這類紛擾顯然讓你的孩子被孤立，或者讓他心煩意亂，你也需要積極協助他創造界限。

至於如果你孩子藉由社群媒體沉迷於別人的生活，你也要引導他去追求別的消遣，否則這種偷窺的態度可能導致負面情感與行為。事實上，社群媒體先天就有一點偷窺的性質，因此，當刷臉書的習慣變成一種執迷，或者讓你孩子感到壓力、退縮或沮喪，就值得你多加關切。

以下是數位紛擾的例子，它們或許會導致霸凌或其他形式的困境。如同被孤立或互惠事件未必可以歸類為霸凌，但發展到極端時，確實會造成問題：

- 拿別人的手機傳送惡毒、愚蠢或搞笑簡訊。
- 分享別人的尷尬照片。請家長要去瞭解影像或持續行為的嚴重性，以判斷是否構成騷擾／霸凌。
- 匿名造謠。
- 故意在朋友之間挑撥離間。
- 「天真地」指出某人取消追蹤另一個人。
- 透過社群媒體網站留言來引發衝突。
- 在群組訊息拐彎抹角地影涉某人「不應該待在群組」。

問問你孩子，是否看過別人在線上空間使壞。如果你孩子因為上述情況而害怕上學，或尷尬到無法成眠，或者極度沮喪，家長務必尋求協助。另一方面，儘量試著對孩子在數位人際扮演的角色保持一種開放的心態，你自然會急於護衛你的孩子，但「以牙還牙」的策略在數位空間甚少奏效，因為牽涉層面太廣了。請跟孩子說，如果他覺得受到攻擊，是不可能在線上進行報復而不遭到反擊的。另外，請他把威脅或惡意都記錄下來，然後離開程式，不需要待在上面持續受害。請他到有家長或成年人陪伴的安全場所，和大人一起想辦法處理情況。

評估孩子的社交技巧

我希望這一章能讓你大致瞭解孩子們的社交世界。雖然這些事件和我們學生時代所遭遇的在本質上沒有太大區別，但確實隱藏更豐富的層次。

以下準則可以幫助你進行社交技巧的評估：

- 你孩子是否清楚「好友」和「追蹤者」的差別？
- 他是否瞭解如果他不願意，就可以不必加某人好友？

- 他是否知道如何自我管理傳訊息這件事？
- 他能不能以直接明確的方式，拒絕不想要的關注？
- 跟同伴發生線上衝突時，他會不會向你求助？
- 他能不能禮貌地退出某群組訊息或互動？
- 他有沒有這種經驗：某些時候刻意不張貼某篇文章，是因為顧慮到可能會傷害到別人？
- 他能不能舉出在社交領域遭受排擠的例子？
- 他知不知道如何在衝突剛開始出現時，可以跟對方「私下討論」，或者讓別人來做這件事？

請記得，你得幫助孩子**應付來自數位世界的挑戰**。就像我不斷強調的，儘管孩子對科技很拿手，但只有家長才有智慧提供極具價值的指南針，引導他們穿越變化莫測的社交水域。

8 數位時代學校生活

現在孩子的學校經驗，跟我們這些家長以前在學校所經歷的，既相似又有些不同。一方面，學校仍是一個跟同學、老師和校長相處的社群，依舊有展示與討論、下課休息、夜間作業、突擊考試和標準化測驗，也不乏讓你懷念不已的校園氣氛和便當盒味道。但現在的學校環境已經改變了，在科技的衝擊下，更多的作業、更注重考試、課程的變化也大。如同前文所提，孩子在學校裡的同伴們可能在晚上或週末更容易透過線上連結打交道。

許多學校實施一對一數位學習計畫，該計畫分配給每位學生人手一台平板或筆電。電腦的使用往往改變了學校對作業的期待，以及家長與老師溝通的本質。有些學校擁有先進的創客空間，超越過往我們在學校體驗過的一切。當然，科技計畫也因不同學校而有差異。

面對這些變化，數位時代最大的挑戰之一就是**分心**。我不斷從家長老師那裡聽到這個問題。家長知道孩子在上課時會玩遊戲或上網亂逛，而且當孩子回到家裡，也見證了孩子的分心狀態——當孩子在平板或電腦上寫功課，手上還抓著手機。

現代人獲取資訊的方式，改變了我們跟學校的關係。資訊自由繁頻地流動不但成為一種有利條件，同時也帶來了挑戰。以前裝在背包裡帶回家的廣告單被整批發送的電郵（或者推文）取代，而包括家長與老師、家長與孩子，以及學生之間接觸的可能性都增加了——然而，校方與家長在應接不暇之餘，往往未能充分意識到這些改變。

我的工作必須跟大量的學校合作，協助行政人員和教職員瞭解家長需要的溝通方式——顯然家長的期待正在被科技所形塑。因應這些規範和期待的改變，學校和學區開始雇用社群媒體主管和溝通專家來參與政策的擬定，即便如此，你對孩子日常經驗的瞭解，多半還是來自於他的老師。本章要探討數位環境中真正的挑戰。

與孩子學校的關係

如果你或家長團體正在思考關於孩子在校的連線生活，請參考以下問題：

- 你了解你孩子學校在科技方面所採取的政策？（稍微理解、不知道、完全瞭解）
- 孩子寫作業時因為數位化而分心，你如何看待？（不會發生這種情況、簡直一場惡夢、視當晚情況而定）
- 你能不能清楚跟孩子說明，網路上哪些東西算是「原創」？
- 你對科技抱持樂觀或是謹慎的態度？
- 你的孩子偏好以紙本或電子書完成作業？
- 你知不知道對於家長與老師溝通的既定期待？
- 設定「螢幕時間」是一種僵化的規定，當你孩子在電腦上學習或寫作業，什麼是最佳的使用規則？
- 過渡到一對一數位學習計畫的過程中，你是否提供特定協助給孩子的學校（或老師）？

科技令人分心

我在進行校園演講和其宣導動時，許多家長跟我表達了憂慮。在每個社群之間，科技令人分心是家長們最常見、最迫切的議題。

iKeepSafe 近來的資料顯示，家長擔心是有道理的，因為百分之二十八的青少年表示，他們對數位化的參與妨礙了他們完成學校作業。[1] 即使不在校期間，百分之四十四的八至十二歲孩子承認，數位消遣使得他們無法完成必須做的家事，而同年齡百分之十七的孩子表示，數位參與造成他們和朋友家人關係疏離。[2]

成年人同樣無法免於此類分心（包括我自己在內！）百分之十四的成年人承認，應該減少花在應用科技的時間。如果這個問題對成人構成挑戰，那麼對孩子來說，該是多麼困難。青少年和八至十二歲的孩子需要督導以應付這些挑戰，讓我們面對問題，隨著數位生活帶來的諸多好處，多數人並沒有準備好回到不插電的日子。我們也不該期待孩子願意過上不插電的生活。

此外，孩子如果發現在螢幕上校對長篇報告或嚴肅的作業很沒效率，就應該列印出來，在紙本上進行校對。「無紙化」作業聽起來很棒，而且可能有益於生態環境，但許多人仍然需要在紙本上校對重要的文件。

家庭作業與分心

這種情景聽起來熟悉嗎？你的孩子回房間寫作業，或許使用學校配發的 iPad。三個小時過去了，他還沒有完成。他或許在 iChat 或 FaceTime 上視訊通話？有可能一開始是在討論作業沒錯，但之後就被別的話題給吸引了。你女兒是否正在聽音樂，而且「必須」製作一個播放清單？她是否因為 IG 上某篇貼文而分心，覺得錯過了和同學的聚餐？或者她純粹在網路上神遊或放空？

多數念國中小學的孩子不該花上三、四個小時寫作業。「家庭作業流行病」這個主題可以寫上整整一本書，但請務必跟孩子的老師查證，他們預期這份作業應該花多少時間完成。如果孩子花了太長（或太短）時間才寫完，其中就有潛在的問題。

許多孩子需要在不插電環境下才能順利完成作業。此外，記得跟老師查證，並非所有的作業都需要上線才能完成，因此在「家庭自休室」保持離線是個有效的策略。想像一下，你也可以跟你老公好好聊天和做家事，如果你不在晚飯之後立刻埋首於電子郵件！

合作對抗分心

如果你觀察到孩子在平板或筆電上寫作業會分心，你們可以一起找出克服分心的辦法。以下策略或許適用於你的家庭：

- 不要同時使用兩個螢幕。許多學生跟我說，他們爸媽不准他們同時看兩個螢幕。這個規定必須有相當的決心撤除其他裝置，才有可能遵守。例如，如果孩子需要用平板寫作業，那麼就要求他們只能用平板，避免他們分心。
- 以科技對抗科技。有些孩子喜歡 LeechBlock 和 Freedom 之類的「分心封鎖器」。雖然封鎖本身無法解決問題，但確實有幫助！我撰寫此書時也刻意封鎖了許多社群媒體。雖然我網友分享的嬰兒照片很可愛，隨時可以收到即時新聞很刺激，但我此刻需要專心。
- 規定孩子在家中的公共區域寫作業。不過，這招對某些家庭有效，對某些家庭則不切實際。
- 關掉裝置。許多家長發現關閉家中 Wi-Fi 有助於孩子盡快完成功課。再者，網際網路和連線只不過是作業的一小部分。孩子們或許得造訪某個網站張貼留言，但這只是一小部分的過程。所以，即便是寫部落格貼文的作業，也可以在離線狀態下寫完之後才上傳。

- 一開始先不插電，接著再插電。如果你的孩子說，「我需要（跟朋友合作、上網等）才能完成作業。」請他們先完成無需上網的作業，然後再做插電作業。設定上網時間的限制，或者在一旁陪伴他們，督促他們完成作業。
- 坦誠和孩子聊聊你自己的分心經驗。告訴他們，分心會耗掉你工作的生產力，有時要完成每件事，都顯得很費勁。讓孩子知道，會掙扎是正常的，但每個人都要想辦法克服。

分心不只關乎裝置，還有我們如何使用它們。裝置為生活帶來了許多東西，有好有壞。數位公民權在於學習利用正面事物，將負面影響降至最低。如果你能洞悉分心的根本原因，就有更好的立場協助孩子克服分心，完成作業。

多工與分心

針對孩子分心的議題，有兩種因應的態度：樂觀者與謹慎者。

- 樂觀者。對科技抱持樂觀態度的人相信，我們的心智因為數位科技而變得強大。當我們不再需要牢記一大堆事實，我們就能以有趣的方式進行創造與連結。凱西．戴維森（Cathy Davidson）教授認為，「單工」不適合大腦運作的方式。[3]
- 謹慎者。對科技抱持謹慎態度的人則相信，我們都陷入了「淺灘」，[4]「略讀」和「掃視」並非真正意義上的閱讀。的確，在貿然接受電子書之前，我們應該仔細檢視關於書籍形式的特色。科技謹慎者對於因拋棄印刷書或手寫筆記而失去的東西感到憂慮，若干研究顯示，在閱讀或做筆記時，學習者在紙上從事的效果比使用電子裝置好。[5]

當然，更多研究有待出爐，不過許多研究已經顯示，我們從紙上保留資訊的能力更勝於數位形式。[6] 我要提醒一個問題：這是否只適用於已有紙本學習經驗的人？或者印刷文本具備影響記憶的特性，例如翻頁的手感及清楚知道讀到書中的哪個地方？這對於數位原住民——我們的孩子——來說有何差別？

加州州立大學多明格斯山分校心理學教授賴利・羅森（Larry Rosen），在由安妮・墨菲・保羅（Annie Murphy Paul）概述的研究中發現，進行重要家庭作業的大學生群組會頻繁地查看手機。[7] 當我們在工作中找尋休息空檔，心智運作的不斷切換會危及最佳判斷，雖然實際中斷的時間似乎只有幾秒鐘，但我們得花一段時間才能重新投入流暢的工作狀態。這種「錯位」和心思反覆會使人感覺疲勞。因此，一小時的家庭作業可能得花上兩三個小時完成，而且精疲力竭。費力的不是工作本身，而是不停重新凝聚注意力。

家長要避免讓孩子同時盯著兩個螢幕，並瞭解在任務之間切換，有損他們的學習和思考能力。如同方洙正（Alex Pang）在《分心不上癮》（*The Distraction Addiction*）一書指出，「數位上的任務切換，往往會將任務逼入注意力的窄頻寬，令你能力短路，無法真正專注於需要做的事情上。」[8] 方指出，許多人高估了從任務切換中所獲得的創造力和靈感，此外，「重度的任務切換者，比他人更難長時間保持注意力的集中。」[9]

與老師溝通方式的改變

科技幾乎改變了我們所做的每一件事，包括家長與老師的溝通。你或許比過去更常接觸到孩子的老師，而且比別的家長更頻繁。更多接觸與溝通是好事，但也伴隨著風險。新的溝通模式，意味著新的禮儀與新的期待。

舉例來說，預期的回應時間就是一個常見的問題。你連絡上老師，但對方沒有立即回應。確切來說，多久算是「立即」？每個人的溝通習慣不同。接著你又送出一個訊息，態勢隱然升高。其實無需如此。

有時家長會感覺老師們對於新科技的理解和使用程度參差不齊。就我的經驗，這些差異與其說與世代相關（我見過許多年長老師對於透過推特拓展學習網絡、跟全世界學生連線，以及嘗試新的合作感到興奮），更多是涉及老師獲得多少專業發展的支持，還有是否能以合理的方式整合科技。對於某些主題和學生，老師可能希望利用科技工具調整課程的教授方式，或者，如果有其他更有教學成效的作法，他們希望盡量不要使用科技！

家長（包括我自己）可能理不出頭緒，因為學校的訊息量讓人很難挑出重點，你也許持續從某個老師那裡收到紙本的訊息，而另一個老師則使用電子郵件，或許其他老師還利用簡訊或推特作為提醒——這麼多不同的溝通方式，的確給家長帶來挑戰！

為了促進家長與老師積極良好的互動，家長可以這麼做：

一、教導孩子明白界限。如果你孩子年紀大到可以寫電郵給老師，那麼他也得學會尊重界限和期待。而且，就算他有能力寫信給老師，不表示這個方法在每種情況下都妥當。在你（或你孩子）寫 email 給老師之前，先確認一下能否採取別的方式聯繫老師。如果你孩子沒有記下當天規定的作業，能不能去詢問同學，或是透過學習管理系統查詢？孩子理應記下作業或自己想辦法查詢，而不是養成寫信問老師的習慣。提醒孩子，如果老師沒有立即回信，可能是正在批改功課、參加教師工作坊，或者吃晚飯。

二、認識老師的工具。我們有沒有數位版的教科書？教科書或作業是否需要上網取得？如果是，需要花多少時間上網？這些都可以請教老師，如此一來，孩子在寫作業的時候就能避免分心。如果你知道作業該怎麼完成，就能安排不插電或部分插電（不連接 Wi-Fi 的電腦或平板）時間。

三、遵守學校規則。如果學校禁止孩子帶手機上學，那就請他遵守規矩。即使你是出於好意而讓孩子帶著被禁止的裝置上學，也可能造成課堂困擾。除非你有充分的理由，如緊急的家庭事故或特殊的健康問題，可以請學校額外通融。

四、無節制地取用資訊，未必是件好事。現在許多學校讓家長自行上網察看孩子的考試成績。除非你實在太忙，否則這種程度的資訊取用可能造成更大的壓力！傳簡訊給孩子也是同樣的情況，如果孩子在上學時間不能用手機，別讓他們無法遵守規定。

一對一數位學習計畫

建立一對一數位環境是個重大的轉變，我每年都收到許多這方面的諮商案例。對學校老師和行政人員來說，這樣的轉變很困難，對家長也是。假如你孩子的學校要推行一對一計畫，而你有些疑慮，通常學校會舉辦一些說明會，或是提供線上資源來解答家長的憂慮。

儘管立意良善，但決定轉換環境的學校和學區會變得非常忙碌，未必能顧及跟家長的溝通與教育。當家長希望有參與感，而一旦學校無法周全地徵詢家長意見或回應問題，家長就會更擔心。以下是經常浮現的問題。

學校的一對一計畫

隨著學校裡一對一環境的轉變，家長往往擔心孩子生活中的螢幕時間增加了。家長常常問：「專家一直建議我們，要設定孩子的螢幕時間，一對一計畫如何看待這個規定？」首先，一對一計畫不表示你孩子成天都在學校使用平板或筆電，但你可以預期，在大多數的日子裡，他們至少每天要使用這些裝置，至兩小時，或許更久。

再者，螢幕時間的設定，並非最有效應用科技的辦法。你應該思考關於平衡的問題。換句話說，我孩子擁有哪些與人面對面合作的機會，或是與真實世界的互動？這是否足以平衡那些靜態的學習、連繫或休閒？諸如騎單車、玩黏土等活動就有助於平衡寫數學作業（無論上線或離線）或看影片（無論作為課程或娛樂）。

組織與管理作業

小學三四年級到高中期間，許多學校體系的孩子被期待從簡單的夜間作業轉變成需要規劃一整個長期計畫。寫報告、記錄材料和筆記的學習過程及有組織的學校生活，不涉及置物櫃或桌上的紙團、遺失的家庭作業，加上一堆壓力，這統稱「執行功能」。許多學生視這種規劃為畏途，而且常將這種執行功能外包給家長。我認為，將輔導孩子的家長工作外包給科技，將是霍華德．加德納所稱「應用程式賦能」的絕佳方式。[10] 關於這個概念，可參見安娜．霍瑪耶（Ana Homayoun）的好書《那個紙團上星期到期》（*That Crumpled Paper Was Due Last Week*）。

在計畫到期日之前，與孩子一起檢視即將交待的作業，換言之，如果我們在計畫到期前的週末要去旅行，那麼你就應該在到期日之前兩天就完成作業。查看行事曆，從截止日期往前推算是一種安排技巧，很少有國中生能自己做到這件事，就連估算一件任務需要花費多少時間，對他們來說也具有相當的挑戰性。科技可以幫助學生在制定計畫前先查閱行事曆，而非全靠在腦中盤算。許多高中生對此似乎駕輕就熟——幾乎沒有人不看行事曆就安排計畫。許多家庭會發現，實體行事曆（白板或小冊子）也是不可或缺的。我自己家裡用的是數位行事曆，但我可以想像，當我兒子年紀更大一些，在家裡使用實體行事曆來安排計畫會更有幫助。

家庭的一對一計畫

許多家長發現一旦學校的一對一計畫進入孩子的生活，他們需要在家做出相應的調整。這端視你使用裝置的方式而定，如 iPad 很容易跟休閒活動產生關聯，即使你孩子真的需要用它來寫功課。你可能想進一步參與孩子的作業，解決潛在問題。首先，詢問孩子的老師，這份作業應該花多少時間，以及孩子何時需要連線（如果真有必要）。特別是團體合作完成的作業，你應該搞清楚孩子究竟需要與同學連線多長的時間。

許多家長希望嚴格監督孩子在電腦上寫作業的全部時間，尤其當他們連上網路之後。你可以讓孩子在廚房餐桌上寫作業，但要確保你提供了安靜的環境。他寫作業期間，你得關掉電視，摒除其他的分心因素，這麼做可以讓孩子養成良好的專注習慣。

假使你孩子被科技「禁足」了，他仍然能在監督下使用學校裝置嗎？裝置是否必須保持斷線？或者你可以禁止他使用某些應用程式，但不包括裝置本身？可不可能限制特定的應用程式，如果你是透過密碼來登錄。對許多孩子而言，被禁止玩《當個創世神》或上 Instagram，比被禁用裝置更為合理。我會試著不要強迫孩子或讓老師知道他在家裡的窘境，以免孩子被過度關注。

如果你拿走孩子的裝置，卻讓他使用連網的學校 iPad 或筆電，他無疑會找到辦法上網和朋友聊天，而且感到僥倖。為了防止這種情況，你願意做到什麼程度？如果你在週末關閉家中 Wi-Fi，你是否願意去星巴克上網收發你自己的電子郵件？養育孩子果然不是一件輕鬆的事！當然，一旦你的孩子能從智慧型手機連接 4G 網路，情況又全然不同了！

特殊需求和一對一

我跟無數家長談過學校的五〇四計畫*或個別化教育計畫（IEP），以及和特殊教育老師談到關於有學習差異的學生在連線教室遭遇的挑戰。一位媽媽告訴我，他兒子有高功能自閉症，因此選擇應用程式和滑動螢幕對他來說，幾乎是一種無法抗拒的誘惑。另一位家長說，她那患有注意力不足過動症的孩子發現，玩遊戲雖然可以消除學校壓力，但也承認沉迷其中會變得失控。在這些情況下，與校方和你孩子一起建立規矩，准許某些使用方式，但潛在鎖定對他筆電或平板的控制，就是五〇四計畫或IEP的意義。對某些學生而言，即使稍微控管他們對於裝置的使用（例如上課時，老師會來來回回查看裝置），效果也好過讓他們整天使用裝置。

與校方合作，找出不讓孩子感到受辱的方式。你的孩子或許有自己的需求。許多患有注意力不足過動症或有高功能自閉症的孩子，對於能幫助他們專注於任務合作式的談話反應非常好。另外，還有許多優良的應用程式能支持有學習障礙和注意力缺失問題的孩子，因此，輔助性科技和應用程式的運用作為治療計畫的這一部分，非常值得探索。

另一方面，雖然分心對於具有某些神經障礙的孩子形成重大的挑戰，但有些孩子在科技和老師技巧的引導下，的確被賦予了溝通的能力，也為他們的生活帶來重大的改變。因此特定的科技工具、教育團隊對科技的態度，以及該團隊對於孩子特定情況的處理技巧，至關重要。

＊編注：五〇四計畫源自美國一九七三年復健法案五〇四條款（Section 504 of the Rehabilitation），目的是提供失能孩童所需的支持，以防他們遭受歧視，並保障其就學的權利。

學習上的不誠實

自從有學校以來，作弊行為便始終存在，科技無疑助長了這個問題。嫻熟科技的孩子能找到更多漏洞，毫不費力的連線更提供了無數誘惑，讓他們繞過真實的學習。但是，孩子們想做正確的事，家長應該協助督導，好讓他們做出正確的選擇。

在用 Google 簡單搜尋就能獲得許多答案的情況下，我們需要引導孩子，讓他們知道「原創」作品的構成要素。有些老師會密切留意這種問題，有些則否。身為家長，我們必須幫助孩子在這個領域建立正確的價值觀。孩子也承認，容易得到的答案對他們來說深具吸引力。我在某所實施一對一數位計畫的中學跟一群七年級生進行訪談，他們說，使用 iPad 寫作業時，會受到作弊的誘惑。

孩子絕對知道他們在作弊。訪談中，一位七年級生描述了一種稱作 Photomath 的程式，他可以拿著平板對著數學練習題掃描，並且立即得到答案。他知道用這種方式做功課不對，但他會利用這個程式檢查答案。有位女孩說，「如果我以那種方式寫作業，我就永遠學不會數學。但有時這些題目我已經會了，那麼用程式作弊，其實也沒那麼糟。」

如果你不確定孩子用來做作業的應用程式是否對學習有幫助，可以請老師或孩子向你展示它是如何運作的。許多這種性質的程式被歸納為「教育類」，因此光看類別不太有用。另一方面，像 EasyBib 之類的軟體能將書目格式改編成你所需要的任何形式，確實讓我的大學和研究所生活變得輕鬆多了！

註明作品出處

許多孩子的確知道要適當使用資料和註明出處，但指尖上有這麼多資訊，孩子可能會問，「為什麼我得自己創作？」在我課堂上的一些大學生認為，使用別人發表的影片描述文字是無妨的，還將它們用在報告中（未註明出處！）。他們覺得只要論點出於原創，Siskel 和 Ebert 就能妥善地概述影片內容，那麼何需費事自己打字來描述影片呢？

孩子很難理解網路上的東西可以自由取用，並不等於免費使用。現今的孩子成長於混搭文化，理所當然認為按自己的目的使用既有的數位內容沒有問題。雖然某些有版權的材料作為教育用途是被允許的，但使用規則卻沒有清楚的界定。侵害版權可能造成嚴重的後果，所以，家長最好灌輸孩子對於他人智慧財產的尊重。

你孩子所創作的可愛 YouTube 混搭作品看似天真不過，但如果收到律師的下架通知或傳票，你可能就高興不起來了。我們不想壓抑孩子的創作欲，但必須教導他們規則，讓他們的創作不僅好玩，而且合法。

許多學校，尤其是學校圖書館員，大力教導孩子關於註明出處和智慧財產的知識，但情況未必總能按規矩走。或者，你孩子不認為在圖書館學到關於寫報告的規則，同樣適用於他所創作的混搭作品。當孩子年齡漸長，你應該要花時間灌輸他們合理使用的概念，甚至是在 QuestionCopyright.org 所提倡的想法。但在你質問他們之前，你自己得先知道相關規定。

合作寫作業

合作寫作業這件事，在科技的輔助下變得更容易了。同學之間不間斷的連繫能夠強化學習，因為各種想法可以即時流通。缺點是孩子（尤其是國高中生）也容易抬下考試的內容，並且大肆分享。

現在許多作業都採取合作完成的形式。如同你抱怨團體工作的某些情況，你的孩子也會有類似的感受，合作可不是件輕鬆的事！他可能覺得團隊中並不是每個人都盡了本分（在任何團體中，這都是可能發生的情況）。如果可以，看看老師能否提供合作的方法，而不是期待學生自己想出分攤工作的公平方式。

如果老師沒有現成的合作方案，你可以跟孩子討論。舉例來說，跟他們談談同時一起進行，對比於類別的分工方式（你做某件任務，而你的夥伴負責編輯和添加內容，然後再回到你這裡進行另一次編輯）的優點。團體越大就越難合作，除非分派特定的任務。

務實學習

要跟孩子討論學習上的誠實態度，你可以用以下的方式跟他們討論：

- 合作與作弊之間，有什麼差別？
- 有沒有人將你的點子當成是他自己的？你會做何感想？那時你怎麼辦？
- 你自己的點子和別人的點子有什麼差別？

- 什麼時候可以寫電郵給同學，請他幫你寫作業？
- 如果有同學不停要求你的協助，你會怎麼做？什麼時候應該說不？什麼時候應該向家長或老師報告？

當學校無法執行規定

學校往往有些已然過時或廢除的科技政策。科技變化的步調和更新政策的複雜性，可能使得學校陷入困境。幾年前，小學甚至中學學校都不需要處理個人裝置的政策，而現在他們需要了！

近年來，我與某一所國中合作，這所學校規定「禁止個人裝置」，但到處可見孩子拿著手機。該校顯然需要一個承認學生現狀的政策，並與學生積極合作。家長會希望學校能夠硬性規定，即便有時他們也希望自己的孩子能獲得通融。事實上，許多學校都會執行自己的校規，富裕的市郊和獨立學校可能採取強烈手段，例如要求所有學生交出手機。在這些學校裡，儘管有些孩子的家長希望強制執行，但也有家長大力反對。

你該怎麼做？跟社區的家長們合作，要求學校執行政策，但要符合現況？你必須承認，如果裝置出現在學校，孩子就不會完全斷絕使用。但你也必須支持孩子遵守學校規定，例如上學期間不要傳簡訊或打電話給他。再者，如果學校有好幾段休息時間，許多成年人同意至少一段時間應該鼓勵學生從事體能活動，並讓校方知道這是優先考量。

許多學校會規劃一個休息或午餐時間的不插電區域，還有一些學校提倡「無手機星期五」。我樂見學校承認這些問題的存在，也努力尋求解決，但要記得，像課間休息或放學的過渡時間，極可能成為我所謂的「混亂區域」，這些時間點也許很難執行規定。光是瞭解這個挑戰，就會對事情有幫助——因此在某些小學，家長自願監控休息或午餐時間。即便只參與一次這類事情，你就能知道裝置如何滲入這些缺乏結構的學校時間。如果你發現科技正以負面方式被使用，那麼參加一個遊戲或寫程式的社團，或許可以作為休息時間或放學之後，最低限度監督裝置使用的替代選項。

家長可以做什麼?

我希望本章已經闡明你應該如何有效參與孩子的教育環境。這樣的投入，不僅關係到感興趣和執行規定，還涉及你所貢獻的東西，以及你如何參與。你不光是為了自己的孩子著想，也是為投入教育的整個社群示範了良好的數位公民權。

以下是教養連線學生的宏觀思考：

- 你能採取什麼步驟，協助那些不太嫻熟科技的老師？
- 在你（或你孩子）寫電郵給老師之前，你是否示範先試著以別的方式解決問題？
- 你用什麼策略處理孩子的分心問題？
- 你是否知道怎麼登入學校的學習系統以查看孩子的課業進展？這麼做有幫助嗎，或是反而造成壓力？
- 如果你覺得孩子花了太多時間才完成作業，你會怎麼做？
- 參考資料：《聰明父母：強力學習教養術》（*Smart Parents: Parenting for Powerful Learning*）一書深入探討了家長對於二十一世紀學校經驗的觀點，這本書由GettingSmart.com的學習專家撰寫。
- 你能給予合作完成作業的孩子哪些引導？
- 你是否知道孩子需要花多少時間完成作業，以及哪些過程需要上網？
- 當學校不執行他們制定的科技規則，你如何處理這種情況？

9 在公共環境成長的課題

無論我們同意與否，孩子們擁有數位聲譽，也稱「**數位足跡**」。因此，我們應該在他們心中強化一個概念，那就是，他們創造出來的東西，與他們息息相關。我們不希望這個概念挾帶了極大的恐懼，我們只需要鼓勵參與社交空間的孩子生產正面的內容。這並不是說，他們不能具有批判意識，或是不贊同某些事，而是說，他們的語氣應該具有建設性，而且敏於覺察他人的觀感。

你與觀眾分享的東西，會構成觀眾對你的認識，而學校是學習這件事的絕佳場所。讓孩子把作品放在學校裡發表（當他們做好準備）——以及讓其他師長將優秀作品與孩子本身聯想在一起——就是使正面內容與數位足跡得以明確連結起來的好辦法。

從覺察出發

家長對社群媒體往往抱持著諸多憂慮，而且擔心社群媒體對孩子有不良影響。然而，社群媒體本身並非不好的東西，它只是放大了某些已經發生在孩子社交圈裡的狀況。擁有一個社群帳號，不會改變你孩子的個性，但是社群媒體的確存在著固有的危險，因此，你最好掌握你孩子在上面做什麼。

如果你孩子知道你正在網路上監督（或可能監督）他，等於鼓勵他克制自己的行為。研究顯示，如果有人在我們身旁，我們比較會在如廁之後洗手。當房間裡有人在，我們會坐得更挺直一些。知道有人正在關切他們，會促使孩子們做出妥善的選擇。即使你無意監督，也應該提醒孩子，他們可能會弄丟手機，讓手機落進別人手裡；或者當他們用手機傳訊息時，可能有第三者正在看著手機螢幕。

社群媒體本身不會對孩子造成威脅，問題是，他們如何使用這類平台。連線世界提供了大量的機會，讓青少年擁有各式各樣的工具分享經驗和意見，但有時他們缺乏該不該張貼什麼的敏感度。

影像作為數位貨幣

如同我在前文所探討的，照片是孩子社交世界的重要部分。如今，拍照和分享照片變得再容易不過，有些孩子似乎視之為一種個人的挑戰，刻意地將自拍和標記了朋友的照片，撒遍整個網際網路。

我們或許對孩子這麼迷戀照片感到無奈，或者對這種事情一點兒也不在乎，但事實上，數位影像就是一種溝通形式，而且確實是現今小朋友重要的溝通形式。你不能只是加以排斥或禁止，否則你就忽略了一個關鍵：孩子需要學習解讀影像，以及用影像來溝通。

當紅的照相程式

在我寫作本書時，孩子們用來分享照片的主流程式是Instagram、Snapchat和受歡迎程度較低的臉書。藉用WhatsApp、Kik與其他通訊軟體，他們也可以分享照片和影片。臉書擁有超過十五億的用戶，現在多數家長至少具備一些使用臉書平台的經驗——

有些家長偶爾刷臉書，有些則是活躍的重度使用者。因此你或許有些分享照片的個人經驗可資利用。

Instagram 的功能與臉書略有差異。你可以在臉書上為你分享的影像加註，而 Instagram 則更加關注照片本身。你可以在 IG 照片上發揮創意、使用濾鏡，不過加註功能通常有限。這意味著你必須認識理解影像脈絡的人。Snapchat 則訴諸對瞬間即逝的渴望，影像在接收者開啟之後隨即消失。即便是一個 Snapchat 故事——敘事的「快照」組合——也只有二十四小時壽命。

十五歲的露比・卡普（Ruby Karp）寫道，大量社群媒體的使用，捕捉到青少年真實的不安感。「我們不想看起來像魯蛇，因此我們必須向人證明，我們依舊活躍於我們的『社交場景』。我們不是享受正在做的事，只不過是拍攝正在做的事，為了使別人因為沒有跟我們在一起而覺得遺憾。」[1]

由於這個故事傾向於以社交為主軸，而且是典型的即時分享，很容易增加使用者的不安感。我是不是派對中最棒的那一個？別的地方是否發生更有趣的事？像卡普這樣的青少年似乎聰明地瞭解到，他們的「錯失恐懼症」往往沒有根據——而且其他派對可能就像你參加的那場一樣無聊——即便如此，她（或她朋友）依舊無法放下手機，選擇活在當下。[2]

等到你讀到這本書時，某種應用程式可能已經得到你孩子的青睞，出現在他的手機桌面。我們不需要糾結於每種應用程式的細節，我希望你瞭解的是，孩子積極運用軟體的可取之處、文化和潛在陷阱。好消息是，這些資訊都能告訴你相關的事！

孩子喜歡分享只有些某些接收者知道來龍去脈的照片，讓他們可以心照不宣的暢聊。這大概是 IG 在青少年和八至十二歲孩子之間如此受歡迎的原因之一（臉書不受這個年齡層青睞）。Snapchat 也是同樣的情況。舉例來說，一張穿著印有大學 LOGO 的運動衣照片對於陌生人來說毫無意義，但主角的朋友會知道，這代表他已經被該所大學錄取。這個訊息在瞬間產生，具有效力而且加密，這是一種我們無法領會的自我表達方式。

如何和孩子談性感照

我們如何看待青少年和更年幼的小孩彼此交換性感照片的現象？這個題目讓家長與教育工作者都感到畏怯。孩子約莫在八至十二歲出現性徵，也開始會對挑逗和禁忌感興趣。當然，許多不屬「調情」類型的影像，仍然讓成年人大感憂心。要向你那念小六的女兒說明，為什麼一張和她朋友嘟起嘴巴或輕撩頭髮的照片並不恰當，不是一件容易的事。

在探討數位時代女孩和女人性表現的紀錄片《性感寶貝》（*Sexy Baby*）中，有一個重要場景是十二歲的溫妮芙瑞德（Winnifred）和朋友在一棟現代公寓附近拍照。[3]兩個女孩彎身倚著家具，讓衣服自然垂落肩膀，以非常十二歲的方式暗示「性感」。溫妮芙瑞德的父親提醒她們不要張貼這種照片，但她們忍不住想和同伴分享。下個場景，我們看見溫妮芙瑞德憤怒的對她母親抗議，溫妮芙瑞德不停哭泣。比起被警告說她要倒楣了，更教她生氣的是，媽媽竟然認為這些照片放浪又淫蕩。

這年紀的女孩處境尷尬，溫妮芙瑞德在影片中說，拍照時，你必須表現得好像願意發生性關係，這樣才算性感。但接下來，她秀出一張張的體操照片，於是你知道，在許多方面，她依舊只是個小女孩。媽媽的反應明顯情緒失控，而且事後也後悔那樣的措詞。

當我們和孩子談起照片時，不應該使用負面標籤。你可以這麼說，「我知道你有設法讓自己看來性感的壓力，但你年紀還小，不適合貼這種會讓人用那種眼光看你的照片。你很漂亮，但我不希望你需要別人隨時對你說這句話。」六七年級的男孩雖然比較不會感到必須看起來「性感」的壓力，但也可能被迫觀看性感影像或色情影片。

根據青少年研究者蘇珊娜．史特恩（Susannah Stern）的說法，與其就調情簡訊對孩子說教，不如跟他們好好討論，幫助他們瞭解一張照片有可能被斷章取義，並請他們想像一下，未來的自己對這張照片會作何感想。4

我在對學生的演講中，也和他們討論到關於照片分享的事。他們在發送自己照片，藉此贏得喜愛或關注時，絕不應該感受到壓力。另外，如果孩子收到不恰當的照片，他們必須知道這種照片不能進一步分享，即便這張照片早已傳遍全校，也應該要認清這是未經同意的分享，而選擇不參與。

但史特恩指出，對性事和性感的好奇心，都是青少年在發育過程中自然而然會遇到的課題。換句話說，創造和分享照片，不代表你孩子有什麼毛病，只是在我們生活的數位社會，這不是探索性的安全方式。

史特恩還指出，拍攝與分享性感照的男孩和女孩，會招致差異極大的社會觀感，況且，我們活在一個高度性化女孩的社會。當女孩／女人的身體在媒體和流行文化中以普遍的方式被物化，無怪乎女孩們會認為發送性感照是跟男孩調情或產生連繫的好方法。

而男孩則認為，保存某個女孩或許多女孩的照片沒有什麼大不了——這樣的想法並不全然違反社會規範（無論我們多想改變）。當然，這不表示你必須接受這種行為，如果你兒子或他朋友認為在手機裡存著女孩照片很正常，他大概是從身邊的人得到這種認知。

如果你發現孩子分享了自拍的影像，或者收到同伴傳來的不恰當影像，在你驚慌前，請試著去理解其中的脈絡。如果他是出於被迫，那麼問題很嚴重；如果一度經過雙方同意，但情況已經改變（例如前夥伴發布了某張照片），也令人擔憂。如果這張照片是雙方同意交流，而且你孩子不覺得受傷或尷尬，那麼已經算是這個具挑戰性的境況中最好的一種。

我對孩子演講時會強調一件事：如果他們收到可疑的影像——除非直接來自影像主人的發送——就應該要瞭解到，這影像不是給他們看的。未經同意散播影像違反了道德倫理，儘管法律的錯綜複雜也很重要，但我會特別著重於我們的集體義務：我們不應該傳播不受主人控制的影像，進而擴大傷害。如果你孩子或他朋友處於照片已經「在那裡」的情況，那該怎麼辦？有一份名為「所以你在線上變得赤裸」（So You Got Naked Online）的小冊子可以在線上下載，處於這種處境的孩子，能夠從中找到建議（swgfl.

org.uk/products-services/safety/resources/So-You-Got-Naked-Online）。

誰是觀眾

對於幼年人在網路社交空間的成長，微軟研究者博依德的觀點提供了解釋。在她的《鍵盤參與時代來了！》（*It's Complicated*）一書中引述了一個例子：某個幼年人在臉書貼文，結果從意料之外的某人那裡得到回應。雖然該篇貼文是要給他朋友看的，但這朋友的家人當然也看見了。當這位朋友在外地讀大學的姊姊回應了這篇貼文：「哎唷，小老弟」時，他覺得被這句話給冒犯了。他心想「拜託！我又不是在跟妳說話。」儘管那篇貼文早已被他朋友的所有親屬分享了。[5]

博依德指出，成年人利用社群媒體的方式不同於幼年人。對幼年人來說，社群媒體是一種「第二空間」，他們虛擬地在上面互動，即使實際上並沒有親身接觸。青少年及約八至十二歲孩子的身分處於變動狀態，特別受到如Snapchat之類的社群程式短暫存在的本質所吸引。諸如臉書等平台雖然也具吸引力，但臉書的塗鴉牆有長期記憶，讓臉書在十三到十七歲孩子族群中逐漸失去魅力。博依德表示，「視覺性的東西（如

Snapchat）紛紛出現，是因為人們不想一直被搜尋到。」[6] 因此，時效越短暫的應用程式，不管是其中的照片會消失（如 Snapchat）或容易淹沒在忙碌的洗版中（如 IG），都比感覺起來像相簿、而且易於搜尋檔案庫的臉書，來得更吸引幼年人。

每個人（尤其對於剛加入社群媒體的孩子而言）都會面臨的挑戰之一，就是忘記誰在看我們貼的東西。我們心裡想的或許只有一小群潛在觀眾和預設的某些朋友，卻忘記其他人也可能看見我們的分享。有趣的是，當這些其他人（包括家長）留言或回應，孩子往往覺得生氣或者被冒犯。我們可以提醒孩子，別人可能會看到我們貼的東西，即便開啟了隱私設定。此外也要提醒他們記得，不能以為在網路上有「想說什麼就說什麼」的特權。網路上的一切資訊都會被分享再分享。

有些孩子加入 Omegle 之類的應用程式跟「陌生人」說話，但多數情況下，他們喜歡跟已經認識的人互動交流。社群媒體對他們而言，就像是一個同儕空間。我那個擅長玩《當個創世神》的朋友艾略特和強納生告訴我，「跟不認識的人玩遊戲 OK，但可能有點怪怪的，因為他們會說另一種語言。」因此，他們登入公開伺服器時，多半會找尋自己認識的玩伴。有的孩子說，陌生人在遊戲中對他們說話或傳訊息給他們，會讓他們感覺毛毛的。

社群媒體和連絡人清單的另一個挑戰，是對朋友的篩選——要追蹤誰、加誰好友，以及和誰分享電話。八年級孩子亞德里恩告訴我，「如果你認識某人，或者聽說過某人，通常你會讓他們追蹤你。你也會回頭追蹤他們，因為不這麼做很怪。」我們可以提醒孩子，他們不需要追蹤他們「聽說過」的每個人，並鼓勵他們要定期清理連絡人清單，刪除他們不記得的人。如果你的孩子在六年級群組中與全城的人分享了電話號碼，上了高中時，你可以幫他更換號碼，重新開始。

如同我提過的，在社群媒體上貼東西時，孩子想到的可能只是某一群特定的觀眾。最好你能記得整群人，而且提醒自己，別人也會看到我們貼的東西。

你可以詢問孩子：

- 什麼情況下，應該拒絕讓某人追蹤，或是乾脆封鎖對方？
- 你是否覺得，如果某人在社群上跟你連繫，不回應他很沒禮貌？
- 你能不能想出什麼時候你貼了什麼東西，然後收到意外的留言？那時你的感覺如何？

量化受歡迎的程度

你如何看待社群媒體上的按讚數和追蹤者的數量？我有過一些成功經驗：我的TED演說在Upworthy上被分享之後，觀看人數連續幾週以百人為單位大幅增加。我承認我在一週內就查看了好幾次，人數直線上升，著實很令人陶醉。

當孩子開始建構自己的人際網絡，請協助他們辨認應該接受誰的追蹤，或者將誰列入聯絡人名單。他們追蹤某個帳號，不應該只為了想瞭解某人的一舉一動。孩子們往往會追蹤在學校出風頭或受歡迎的孩子，但如果你的孩子並非屬於這些人的朋友圈，這些活動都是他無法參與的，那麼知道這些人在做什麼，有何樂趣可言？

即使是成年人，有時也會量化自己在社群媒體上的連絡人數，不過所謂「適當」的連絡人數量和類型，多少依特定媒體和應用程式而定。在推特或IG上有大量追蹤者或許很合理，但臉書上會傾向更有共同性的關係群組，當然名人或公司網站除外。

在訪談過七年級女孩焦點團體之後，我發現所謂「太多」追蹤者或連絡人的定義，是超過原本對應數量的百分之二十五。因此，如果某個女孩擁有三百個IG追蹤者，那麼追蹤人超過五百就是「太多」了。

相較於許多孩子年復一年受限於學校裡的同儕團體，多數成年人會視關係的建立而跳脫「受歡迎／不受歡迎」的成規。在維持友誼同時兼顧事業家庭的情況下，勢必篩除掉社交圈中的許多人，最後只留下真正有在互動或是較親密的朋友——或許是大學同窗或二十來歲時有較多時間所結識的老友，抑或是工作和親職戰壕裡培養起來的朋友圈。

棄絕社群媒體的孩子

有些孩子喜歡在網路上分享東西，卻不隸屬於某個社群。我認識一個非常有藝術細胞的小女孩安妮，她就讀大型公立學校，每天都和最好的朋友一起吃午餐。安妮的個性內向含蓄，朋友圈不大。這個頗有天份的藝術家女孩會利用回收材料來發揮創意，她媽媽幫她註冊了一個城裡的藝術家網站，好讓她在那些包括 Etsy 的網站上展示作品。她可以跟其他的藝術家溝通、分享作品和接受回饋。

其實，不一定要靠社群媒體，也有很多方法都能進行線上或離線的社交活動。這女孩的家長不希望她在十一歲就加入 Instagram，她也同意了——她並不想拍一堆自己及朋友的照片，放在網路上大肆公開分享——那是許多社群媒體平台重要的一部分。

有些孩子在經歷負面經驗後棄絕了社群媒體，這是一種能夠恢復健康的戒斷行為。如果你的孩子刻意避開社群媒體，我不會為此擔心，尤其如果這顯然符合他的個性。但是，如果他突然關閉帳戶並且退出所有社群，這可能是嚴重問題的紅旗警告，你肯定需要多加留意。

新世界的社交身分

由於在社群媒體的陪伴下成長，我那些焦點團體和工作坊中的孩子們，對於他們在同伴眼中的公開形象，顯然會有意識地進行精密的調整。多數情況下，相較於廣大陌生的世界，他們更加關注學校或社交場合的微觀世界裡，「形象」所代表的意義。

身為家長，我們得充分瞭解孩子的社群媒體文化，才能支持他們。這不表示我們需要成為該文化的一份子，或使用他們的語言。但我們要知道，孩子們一起遊戲、傳群組訊息或在社群網路聊天混的方式，表面上看起來似乎一團混亂、毫無章法，但仔細分析，你會發現孩子遵循著某些台面下的規則——**一旦搞砸，你就會知道！**弄清孩子對這些規則的看法，以及他們這種微文化中扮演的角色，比起試著搞清楚規則是什麼，或應用程式的各種瑣碎細節更重要。

多數時候，孩子對於自身形象的關注和建立，不是為了要表現給未來的雇主看，而是給學校同學看的，或是為了滿足他們設法要找到立足點的世界。他們貼文時會預測「按讚數」和留言湧進來的速度。如果預測失準，他們可能覺得尷尬，甚至會把貼文刪了。我在第七章引述的三位紐約市九年級女孩接受葛拉斯訪談時，在現場拍了一張播音室的照片放在臉書上：

葛拉斯：你們預測等一下會發生什麼事？

艾拉：通常至少——一分鐘內會有兩個讚。但我不知道啦，大家可能還沒起床。

葛拉斯：現在是不用上學的早上十一點，完全不是貼文的黃金時段。晚上通常是你獲得最多按讚數和留言的時候。但是，呃，你知道早上十一點……一分鐘過了。沒有人回應她們在播音室拍的照片。接下來呢？

艾拉：喔，等一下，三個讚。

茱莉亞：喔，三個讚。

珍：從羅——

艾拉：從三個人。還沒有人留言。有一個是我最好的朋友。好，還有一個人喜歡它。兩個人。

珍：兩個人。好，我們現在收到許多讚。

艾拉：三個。還有一個。

珍：我們現在有幾個讚？

艾拉：六個，我想。

珍：好的，我們在一分鐘內收到一、二、三、四、五、六個讚。這樣真的很不錯，艾拉。

希望分享的東西能立即獲得回應，以及這個回應的可預測性，是孩子們在公開狀態下成長需要掌握的技巧。我們不希望孩子依賴按讚來得到肯定，那麼，該如何幫助他們？重要的是，我們要瞭解這年紀的孩子擁有稍微嚴苛、不言而喻的社交規則：我們無法告訴你規則是什麼，但如果你違反了規則，我們會孤立你。

給孩子機會討論這些「規則」，並對年幼的孩子解釋，同伴在互動時，往往有些沒有言明的規則。如果你孩子因為違反了他所不瞭解的規則而踩雷，請給予他支持。你不是要讓孩子成為某種強制性規則的遵從者，而是賦予他能力，藉由對同伴狀況的理解而做出選擇。

想更一步知道如何幫助孩子熬過國中生社交互動的困境，請參考瑞秋．西蒙斯的《怪女孩出列》、蜜雪兒．伊卡德（Michelle Icard）的《中學改造》（*Middle School Makeover*），以及羅薩林．威斯曼的《主謀與搭擋》（*Masterminds and Wingmen*）和《女王蜂與跟屁蟲》（*Queen Bees and Wannabes*）等書。

違反社交規範

在某個富裕的近郊住宅，我的七年級女孩焦點團體中，每個女孩都擁有 iPhone，而且是熱衷的 IG 使用者（只有一個女孩有 iPhone 但不用 IG）。其她女孩都非常清楚自己的形象，而且有一套關於照片的明確「規則」。

她們多少已經意識到自己擁有優越的社經地位，也談到怎樣分享在高級飯店和泳池之類的度假照，是不恰當的。她們舉了喬斯琳同學為例，她（不明所以地）違反了規則。如同許多未言明的社交規則，這些規則在有人違反時顯得清楚鮮明。

喬斯琳從國外的豪華假期返家，在網路上展示了她的度假照，作為學校的作業。這個行為惹惱了其他女孩，她們批判這趟旅行的「教育」價值為零。事實上，她們視這個舉動為一種不成熟的誇耀。她們能舉出許多例子（想必也是享受特權的族群），很多人甚至參加過「更棒的旅行」或住在「美到不行的房子」，但都不會笨到貼這些東西。

同儕對性的批判

展示假期照的喬斯琳，因為貼出一張旅行照而成為被攻擊的目標，儘管「穿比基尼沒什麼大不了」。經過一番摸索，我得知什麼情況下可以跟某個朋友分享照片，但不可以跟另一個朋友分享；以及什麼情況下貼泳裝照是合宜的，還有其他特殊情況的社交規則。這些女孩從大人那裡聽到「不要分享過於暴露或性感的照片」的建議，但她們顯然有自己用來批判同伴的標準。

在所有可能的批判中，同伴之間的批評是孩子們最害怕的。不幸的是，根據我跟孩子及成年人的會談，性別歧視的雙重標準很常見。關於張貼比基尼照片的未成文規則顯示出女孩很為難：富有吸引力是好事，但太過性感或刻意造作就是壞事。太性感會引來

「蕩婦羞辱」及孩子所說的「壞名聲」，就像我們小時候那樣。

由於我算是個沒有偏見的局外人（也因為我問了一堆問題），這些女孩明確地跟我解釋了「比基尼規則」，並透露了更多原本未必存在的規則。比基尼規則是：「如果你是和兄弟姊妹或家人合照，你就可以貼比基尼或泳裝照。」所有女孩都同意這條規則的某種意義。換句話說，不要太賣弄性感就OK。這些女孩想以某種方式展現風情，但她們的年紀也小到希望被視為「清純」。文化告訴她們，要有一點點性感，但不可被認為在賣弄性感。其實在任何年紀，這都是很難掌握的尺度，尤其對七年級生來說，更是不可能的事。的確，這個以為「穿比基尼沒什麼不大了」的「不成熟女孩」違反了社交規則的某個點。現在讓我們看看另一個層面。

這些女孩提出另一個違反社交規範的例子。一個七年級女孩被認為過於性感。有人甚至留言宣稱「我媽叫我不要和她作朋友。」結果這句話在包括主角在內的群組中被分享。（糟糕！）這種「意外」只會搧風點火，讓問題雪上加霜。

男孩也在社群媒體面臨關於性的批判。他們可能變得對身體形象感到不自在，或感到必須觀看（作為「男孩文化」一部分的）色情或性感影像的強烈壓力。重要的是，你得讓男孩知道他們不必做這件事，此外，這些影像將性給去脈絡化了。他們應該瞭解真實的女孩／女人反應，並不像在色情影片裡看到的那樣。

教養男孩和女孩的重要部分之一，就是協助他們培養包含性在內、正面健康的自我形象，而不物化自己或他人。幼年團體、童軍團體和社區志工等輔導活動，能讓家長在這個具挑戰性的任務中找到有力的支持。

家長提供的協助

關於孩子在網路上的自我形象，我真的認家長毋須過於大驚小怪，而應該關注孩子用來培養線上形象所花費的時間和精力。以上描述的例子是對那群七年級女孩來說顯著的規則，但每個社群其實都存在獨特的規則。

承認社交規範的存在，是讓孩子談論自身特定文化的好方法。認清社交規範有助於你和孩子瞭解，包括社群媒體、群組訊息和其他數位互動如何在孩子的世界中運作。這些（通常）未言明的規則顯示孩子們多麼密切觀察別人分享的東西，以及多麼關注自己分享的東西。一切有用的資訊，都掌握在你這樣的督導者手中。

重要的是，鼓勵孩子克制對人進行強烈的負面批評，以及讓他們理解自己分享的東西可能會遭受別人嚴厲的批評，並且能妥善處理壓力。即使你的孩子正在形成一個自己的社會，也沒必要覺得他正在獨自探索那些令人困惑的任意法則。你可以這樣開導孩子：

- 如果你要為一群不認識的交換學生製作一本「社群媒體手冊」，你會提醒他們哪些事，好讓他們能避免在網路上失禮？
- 男孩和女孩適用的「規則」是否相同？為什麼是，或為什麼不是？
- 哪些「規則」是你能改變的？
- 社群媒體是否讓你承受極大的壓力？
- 你如何讓自己鬆一口氣？
- 你是否只為討網友喜歡而張貼或分享文章？
- 如果你的貼文沒有什麼人回應，應不應該刪除貼文？

視覺上的自我形象

當我拿別的孩子照片給工作坊的孩子看時，他們馬上展開了批評，例如「他很邋遢」、「她太做作」、「只會傻笑」，或者在明尼阿波里斯市的某所學校，孩子們指出：那是卡梅爾（一個富裕近郊住宅區的名字）。

事實上，這是一張來自明尼阿波里斯市富裕郊區的照片。所以這些學生說錯了，但某種程度上，他們也說對了。這些孩子觀察照片的細節，融入以他們自己的社會地理感為基礎的假設。這些反應顯示，對於一張照片中臉部、衣著和地點的線索，孩子的感官能進行多麼精密的判斷。在這張照片中，主角站在私人車道或死巷前方的綠地上，所以郊區是合理的猜測。但說那女孩「自以為是」的觀點又如何？所謂的「螢幕智慧」，並不是要完全避免對影像的批判，而是要幫助孩子認清並檢視他們的論斷，並讓他們瞭解，網路上那些不認識他們的人，也傾向於根據照片而迅速做出論斷。

我們可以示範評論他人的適當方式。試著與孩子做這個練習：給他們看別人的照片，問他們有什麼想法。當他們不認識這個人或不知道故事背景時，可能會遽下論斷，而且顯得苛薄。但孩子確實瞭解脈絡。我們可以示範不去論斷別人。跟他們解釋，除了外在線索，我們並不知道關於這個人的事，同時提出其他的可能性和情況。

當我跟八年級孩子的群組討論，他們是否在真實接觸到某人之前，先看過他的照片？大家都舉起了手。我接著問，看過這人的照片並建立印象之後，再接觸真實生活中的這個人，是否曾經感到驚訝？許多人再度舉起了手。

數位足跡

我喜歡「數位足跡」這個詞。對我來說，它表示我們邁步向前——進步是好事。但每走一步，我們會留下東西，有時足跡可能快速消失，如同起風的日子走在沙地上，有時足跡更持久，就像踩在未乾的水泥。「脈絡」很重要。

足跡是一個貼切的比喻，無論我們是否察覺，我們都留下了在數位世界的蹤跡。每次我們在臉書上貼文、寄電郵或用手機打電話，我們都在創造資料。足夠的資料可以形成明確的圖象，包括我們去過哪裡、做了什麼，以及和誰在一起。

對照昔日世界，這一切令人不寒而慄，甚至讓你忍不住想脫離網路生活。但我們仍然以這些看似無關緊要的風險，來交換現代生活的便利性。因此，我們應務實地處理數位足跡，更重要的是，幫助孩子瞭解資料的蒐集，好讓他們做出更好的決定。

擺脫「逮到你了！」心態

家長與教育工作者往往擔心孩子留下數位足跡的問題，雖然某些憂慮顯然有根據，但相關的迷思也非常多。你聽過多少關於社群媒體的負面故事，造成使用者名聲永久受損且不可挽回？

我痛恨透過社群媒體的那種「逮到你」的惡毒。嘲笑某一則不負責任的貼文而害人丟掉工作，實在很可惡。有一則新聞就是如此：一個孩子因為討厭打工的夏季制服，而貼文抱怨。是的，她做了錯誤的判斷，在網路上發送了不當貼文，結果最後丟掉了工作。但我們難道應該因為這個孩子失去了一份很需要的打工機會而津津樂道？丟掉工作對這孩子而言已經是高昂的代價！[7]

孩子容易因為這類疏失而受到傷害，他們還在思考好玩與不好玩的界線。我們身為家長（和老師），必須謹慎地不犯下相同的錯誤，指出孩子的疏失，而不應該認為「逮到你了！」孩子正在探索和學習互動，除了幫助他們，更重要的是要教導他們如何在犯錯之後修復損害。如何要求原諒？如何在下次改正？

我十六歲時有個朋友，他很愛講會惹來麻煩的希特勒笑話。在過去的校園或宿舍，這類笑話儘管不那麼政治正確，但也不會留下永久的記錄。如今，這人在電影產業位居要職，他仍然具備特異的幽默感，但身為成年人，他不會笨到用推特講希特勒笑話。快轉到現在的孩子。張貼在IG、推特或Snapchat的唐突笑話，可能長期存在許多年，因為貼文具有永久性。儘管社群媒體和數位溝通似乎轉瞬即逝，但我們不該被蒙蔽。良好的數位公民權意味著，我們在線上的行為表現，應該如同離線時的表現。說到這裡，當朋友或同學貼了冒犯或不合宜的東西，我們必須教孩子如何溫和地反應：「我知道你覺得那樣很好玩，但其實不然。」

你可以用以下開場白，跟孩子展開對話：

- 你見過有人試著在群組發訊息搞笑，卻無意間傷害了別人的情感嗎？
- 你認不認識有人表現得很惡毒，卻辯稱他「只是開個玩笑」？

分享的輔助訓練

在我處理孩子數位足跡的經驗中，我發現家長的擔心往往沒有正中要害，而且過於關注不利之處。你的孩子會在大學畢業後順利找到工作，即便他在十二歲寫的Tumblr部落格文章中出現拼字錯誤。

此外，成人應該鼓勵孩子展現最好的作品和最好的自我，做他們覺得自豪的事。這比起嘗試「隱藏」錯事和／或「洗白」名聲更有用，而且有助於孩子發揮創造力。我認為學校分享社群的班級部落格是一個好的空間，讓孩子可以體會因作品而「出名」的潛在好處。家長應該去結識孩子的老師或教練，因為當你孩子申請大學時，如果有嚴重情事需要進一步說明，他們處於提供協助的有利位置。如果有必要，這些錯誤可以在脈絡中被理解和看待。

個資維護

我建議每年至少二至三次對你和孩子的社群媒體帳戶進行「隱私查核」，看看公開搜尋能找到什麼。你孩子是否正在分享影片和照片？在排名數一數二的搜尋引擎上確認是個好主意。如果你發現了你覺得不妥當的東西，你可以採取很多措施：你可以連繫貼出該影像或文字的人，要求他刪除。舉例來說，最低隱私設定的社群媒體分享貼文，有時也會出現在網路的搜尋列表，如果貼文存在於孩子自己的社群媒體串流中，他也許能移除它。雖然不是從網路資料庫完全「抹除」，但被刪除的貼文比較不容易隨著時間出現在搜尋結果中。

有禮的互動

督導孩子進行禮貌互動最簡單的辦法，就是透過部落格的留言機制來進行。當我們要孩子設定部落格的留言規定，他們往往這麼寫：「在你留言之前，必須讀完我的整段貼文。」你見過多少滿懷惡意的留言未能遵守這項明智的政策？

另外，留言可能需要接受檢驗，家長可以加以過濾，不過可能非常費工！更容易的作法是乾脆讓孩子遠離數位媒體——如果你因為時間或其他限制而無法介入督導，那不失為一個好辦法。

再者，留言的語氣對敏感的孩子來說很重要。任何種類的衝突都是難以處理的，即使對成年人而言。線上互動會增加複雜的層次，你對一個素未謀面的人會比較無法展現同理心，因此僅有的情感脈絡，就是部落格上的這一則留言！

問問你的孩子以下觀念：

- 你是否應該回應你所不贊同的貼文？什麼時候你不該回應？
- 你如何對讀到的東西適當且尊重地表達不同意見？
- 如果你不贊同某個主張，你是否會用證據和合適的論點予以反駁？
- 當有人張貼針對別人的惡意留言，你該做（或不做）什麼？

坦率跟孩子聊聊上述議題，在他們心裡留下印象。他們仍然需要從實踐中學習，但這樣的討論可以提供他們一些引導。請孩子制定自己的網站經營政策，這樣能夠幫助他們掌握「尺度」：如果他們過度規範留言欄，留言可能減少，但如果完全放任不管，可能會有人受到傷害，或者對話會缺乏生產力和意義。這些都是重要的課題。

留下資料記錄

社群媒體不是免費的。雖然我們不需付費就能使用臉書或Google等社交平台，但不表示它們沒有成本。其實你是用資料「付費」給每一種服務。無論你理解與否，你都對平台服務條款（TOS）或終端使用者授權協定（EULA）點擊了「我同意」。這些文件故意弄得深奧難懂，但本質上的意義是：為了免費使用平台，你同意我們利用你的互動產生的資料。

聽來很嚇人，對吧？雖然我不認為這些公司都有邪惡的目的，但肯定商業考量勝過慷慨大方。他們的商業模式建立在使用者的信任上，因此，違反這份信任便不符合他們的最大利益。不過，你最好還是知道他們如何利用資料，以「調整」你要分享的東西，直到你覺得自在的程度，同時也別忘了教孩子同樣的道理。

你做的每件事，都留下了資料足跡。這些公司大多不看（也不在乎）你的貼文或留言——他們利用「軟體機器人」過濾內容找尋關鍵字。這麼做有害嗎？有人認為無害。無論你做何感想，知道資料如何被利用，都理應影響到你使用社群媒體的方式。隨著每次互動所產生的資料都能描繪你的圖象，控制它的唯一方法，就是調整你回饋給系統的資料。

地理標記

首先要查看的事——未必總是最明顯——就是分享你所處的地點。當你孩子申請或更新帳戶時，和孩子一起查看這些設定。你會發現地理標記的設定可能已經被預設為「分享位置」。

和孩子討論關於地理標記這件事。想想為何隨著每則貼文的分享，讓每個人知道你人在哪裡，不是一件好事。除了明確的安全議題，你孩子有沒有考慮到，他的打卡可能令朋友感覺受傷？有時非即時性的分享是孩子們用來消除被排擠感的策略，但有了地理標記，知道你昨天（甚至一小時前）身在何處，更可能導致朋友之間的問題。

隱私與過度分享

如同前文提及，家長（和其他成年人）往往認為現在的小孩都不注重隱私。證據何在？青少年在臉書上的大聲嚷嚷、透過推特發言洩露祕密，以及最好存檔而非分享的照片。

我記得讀七年級時，有次和死黨一起回家，路上她大吼著說：「我恨我爸媽！」我從不敢想像那樣的事，更別提大聲說出口。直到我有機會更瞭解她，才明白她完全有理由這麼生氣。但聽她親口對我說出心裡的話，是一種私密而深刻的經驗。如今，相同的訊息是透過社群媒體來傳送，「我恨我爸媽！」這句話能輕易被視為隨便說說的笑話——或者更嚴重的事。

事實上，這兩種社交空間有著極大差異。問題不在於孩子缺乏隱私感，而是他們不瞭解如何處理這些領域。要教會孩子辨識箇中的差別並不容易。

就拿你對某個朋友生氣的事來說吧。你需要發洩，於是打電話給另一個朋友。電話中你傾吐所有的細節，頓時舒服多了。是的，其中存在著風險——這番發洩的言語或許會傳回第一個朋友那裡。但倘若你是在 Tumblr 發洩關於朋友的事，想像一下情況將多麼不同——他可能在三週後親自看見這則貼文。屆時或許你們已經和好，但社群媒體卻幫你「記住了」這個事件。事實上，那留下了永久的記錄，即便感覺起來訊息好像一下子就被淹沒了。想讓孩子瞭解這件事，你該怎麼做？

- 為你的家庭擬定社群媒體政策——什麼應該分享，以及什麼不應該分享。直接討論準則。
- 透過真實的朋友和家人為例，演練一些假設狀況。這麼會讓孩子在真正的同理心和情感背景下瞭解這些政策。
- 要孩子查找並指出他同伴做得「不對」的事。利用真實的例子可以訓練他們帶著批判眼光看待社交互動，並讓你知道他們的判斷。

獲得螢幕智慧是一種過程

本章提出的議題未必有趣，但我希望你受到鼓勵，不致於覺得太難消受。孩子透過裝置和網路可能踩中的陷阱，也存在於我們的世界。連線只不過增添這些問題的複雜度，有時會使得這些危險在成年人眼中變得更加明顯，而有時確實擴大了問題本身。但是請別忘記孩子在連線世界擁有學習、創造與分享作品的機會，當我們妥善地介入督導，迎面而來的機會便遠勝於風險和挑戰。

結語——新世代數位公民權

我們孩子的未來成功與否，仰賴於是否能流暢地駕馭數位生活。他們與他人建立健康關係的能力，取決於是否有完整而強大的數位技巧。數位技巧有幾個特色：

- 這些技巧是最急迫的優先項目。如果我們的孩子不馬上開始培養這些技巧，將無法在現今或明日世界獲得成功。
- 這些技巧並非操作性或功能性的，也無關乎如何使用鍵盤或如何寫程式。只要有足夠的練習，每個人都能學會。
- 這些技巧與關係的經營有關。關係到我們彼此之間的各種連繫，關係到信任。

即使你實在不嫌熟於數位技巧，你仍然可以能當一個稱職的督導者。不過你得先投入學習，才能教導孩子：

- 你的管教、領導或教導能力，都受到你與科技的關係影響。
- 你與科技的關係是對孩子的一種示範，你必須學習各種有關他們世界的事。
- 你擁有與別人和睦相處的能力。你擁有教導別人這些原則的能力。
- 你不能冷眼旁觀、雙手一攤說：「我不懂這些」。你的孩子非常需要你在這個新世界引導他們前進。
- 身為家長和督導者，我們必須為數位學習的新里程碑做好準備（第一個電子郵件帳號、第一支手機等），也必須為孩子做好準備。

以下是好消息，也就是對數位教養來說非常有利的情況：

- 孩子是真心想接受你的督導，他們需要數位時代跟人交往的建議。
- 數位素養涉及一套技巧——這套技巧可以靠學習而來。
- 即便孩子對科技很嫻熟，但你具備智慧，你掌握著最關鍵而有力的那片拼圖。

以這本書作為跟孩子對話的出發點，你會發現：

- 你與孩子更親近了，而且能減輕他們的生活壓力。
- 增加親子之間的信任，你的督導才會對他們有幫助。
- 提升他們的社交技巧，讓他們更能掌握情況。
- 讓孩子更擅長處理人際關係的修復。
- 讓孩子感覺你願意傾聽他們的心聲。

裝備知識，經過定期的實踐，你就能對孩子的生活產生正面的效應。

我想你已經理解，你毋須精通每一種應用程式和裝置的細節，也能成功地督導孩子。不過，你的確需要跟人對話。如果你不進入他們的世界，就無法影響他們。我希望我已經充分說明孩子（大多）做得很好，不是他們做的每件事都會構成令你擔心的理由。

無論我們是家長、老師、學校領導者或行政人員，督導是我們能為孩子做的唯一義務。如果我們定期與孩子互動，我們便置身於以督導為己任的社群之中。

督導勝於監控

督導者必須從同理心出發；同理心是通往信任和開放溝通的路徑。

督導者會發現孩子極具創意和洞察力，但在摸索這個世界時，他們仍然需要模範、需要協助。

督導者明白孩子對科技嫻熟，不等同於具備互動的智慧。我們的生活經驗在這個等式裡是一項重要因子。

督導者相信合作勝於控制。他們必須與孩子共創解決之道，同時利用孩子的創造力，彼此建立起一份信任。

督導者承認必須觀察孩子的習慣，才能瞭解他們的生活經驗。

督導者知道現今的社交互動領域更加複雜，需要協助孩子建立良好的人際關係。

督導者相信好奇心能活化年輕的心智。

督導者不想逮到孩子犯錯，他們想教導孩子做對！

督導者相信創造力勝過消費，並非所有「螢幕時間」的意義都相同。

督導者瞭解光是限制科技的使用，無法取代參與；監控會降低信任，而且產生假的控制感。

督導者瞭解孩子的身分實驗是成長過程的一環，以及，「數位足跡」的問題可能在錯誤時機以錯誤的方式對孩子的發展造成限制。

督導者對孩子負責。家長使用科技的好習慣或壞習慣，對孩子都有示範的作用。

督導者提供學習和自我發揮的空間，制定出不源於焦慮和控制的計畫。

督導者領導家庭、團隊和社群，賦予下一個世代科技正向價值觀。

養育數位原住民

我們需要合力解決數位世界的問題，否則就得承擔新世代無法充分利用機會的風險。固步自封的觀念，或是刻意限制孩子的螢幕時間，都不會帶領我們前往下個階段。

- 我們保持樂觀。我們不預設孩子會利用科技做些什麼。我們提供他們機會，並且面對現實。我們不屈服於恐懼。
- 我們對科技抱持正向的態度。儘管相信科技可以成為一股力量，但我們不認為科技萬能。

- 我們相信好奇心。科技是一種學習和應用的手段。孩子的心智充滿活力，如果運用得當，科技能解放孩子天生的創造力。
- 我們對孩子和他們的創造力感到興奮。我們相信我們能跟孩子學習，同樣的，他們也能向我們學習。
- 我們承認成年人與孩子之間隨時會發生誤解。我們努力變得更能辨識和處理這些缺口。
- 我們相信孩子是迷人的，我們必須研究他們的習慣，才能真正瞭解他們。我們希望被邀請進入他們的世界。

現在讓我們和孩子彼此立下承諾。互動與溝通的方式將不斷改變，但有一件事情永遠不變：**建立真正的數位公民權是我們的責任**，如果把它交給運氣決定，風險就未免太高了。這對我們的孩子來說非常重要、有益於我們的家庭，而且為我們的社群所不可或缺。

讓我們挺身而出，讓我們當個稱職的督導者，這件事我們責無旁貸。

誌謝

離開熟悉的高等教育學界，創立「養育數位原住民」社群，對我來說至今仍是一件令人振奮、勢不可擋且極其有益的事。我感激這些日子以來對我敞開心房，分享成長中樂趣與挑戰的家長、教師和孩子們。

我要感謝 Jill Friedlander 和 Erika Heilman 對本書見解深刻的支持與喜愛。Susan Lauzau 的編輯眼光使本書免於出錯，而 Jill Schoenhaut 的建議讓本書的架構得以更完整。感謝你們在編輯過程中的耐心和智慧，也謝謝 Bibliomotion 圖書集團的 Alicia Simons、Ari Choquette 和 Shevaun Betzler 將本書推向世界的洞見和願景，能加入 Bibliomotion 的作者群是項殊榮。在我思考如何幫助家長時，作家 Vicki Hoefle 一直是為我指路的明燈。

感謝 Ron Lieber、Mary O'Donohue、Deborah Gilboa、Annie Fox、Deborah Siegel 和 Carrie Goldman 分享了成書過程與經驗。由一些聰明家長與教育工作者組成的「養育數位原住民」臉書討論群，從不間斷地提供點子和經驗。Jeanne Warsaw-Gazga、Michelle

Linford、Shoshana Waskow、Maria Zabala、Jeanne Marie Olson、Ellen Zemel、Melissa Davis 以及群組成員對我的思考貢獻良多。我要感謝 Jennifer Forsberg、RoiAnn Philips、Debi Lewis、Peter Eckstein、Cassie Bell 和 Amy Newman 及給予我諸多回饋的作家們。

如果沒有洞察大局的 Michael Boezi，我不可能完成此書。在談論本書議題的 TED 演講中，他的提問總是切中要害。Mandi Holmes 讓「養育數位原住民」社群順利運作，Alicia Senior-Saywell 也幫了大忙。Natasha Vorompiova 規劃出絕佳的系統，而 Christy Hruska 協助我將夢想付諸實現。Karrie Kohlhaas 提供高明指導，幫助我看見人們對於這本書的需求。Carolyn Ou 幫助我找到工作與生活的平衡。Jessie Shternshus 是我的典範，了不起的創意天才和朋友，幸運的是，她正好也是我表妹。

Jill Salzman 為許多傑出的開創者照路，每個人都應該有她引介至 TED 發表演說。我從與 Karen Jacobson 的合作中學到許多知識並獲得樂趣。Eileen Rochford 和 Jeanne Segal 除了是公關明星，更是具有洞察力的青少年家長。

以下朋友幫助我在瘋狂寫作與旅行的一年間保持狀態完美：Nadia Oehlson、Gilit Abraham、Michael Davis、Mary Abowd、Loren Lybarger、Sarah Levine、Sunny Schwartz、Moira Hinderer、Liz Duffrin、Joanie Friedman、Jon Stoper、Lisa and Dan

Sniderman、Lori Baptista、Todd Krichmar、Naomi Schrag、Marv Hoffman、Rosellen Brown、Tamar和Elliot Frolichstein-Appel。感謝Sara Aye作為絕佳的夥伴和朋友，他想出了本書的書名！其他朋友如Stephanie Schwab、Ginger Malin、Kristen Hoffman Senior和Shelley Prevost提供我源源不絕的靈感與支持。感謝育有幼兒、國中生和青少年的許多朋友，分享了故事和靈感。

全國的學校和討論會聽眾對於這些不同階段的想法給予了寶貴的回饋。聽眾的問題形塑出本書的樣貌，這些資料也被引用在其中。謝謝你們！太多有才能的教育工作者影響了我對「督導數位時代孩童」的想法，我想向以下作者致謝：Jill Maraldo、Jean Robbins、Dave Palzet、Steve Dembo、Carl Hooker、Chip Donohue、Amanda Armstrong和Tamara Kaldor。

感謝David Kleeman、Debra Hafner、Susannah Stern、Alex Pang、Deborah Roffman和許多專家，在我擬草稿時和我談論他們的工作。感謝葛拉斯慨然允許引用他們富思想與啟發的節目《這種美國生活》中的材料。無數年輕孩子與我分享在數位世界成長的看法和洞見，我希望本書恰當地呈現了他們的觀點，也期待來日讀到他們的作品。

感謝家人分擔我的工作，你們能支持這趟寫作之旅對我意義重大，當我在工作和外出演講，帶著新鮮感去冒險。我妹 Sarah Heitner 傳來的幽默簡訊是令人愉快的分心時刻。Ethan Heitner 總是給予我激勵和支持，而 Antonia House 是大好人。我最感謝 Seth 和 Glenn Goldman 及他們的家人。

Howard 和 Lois Heitner 以及 Lenore Weissmann 是超級棒的爺爺奶奶，也是提供支持的好家長。

我最深的愛與感謝要獻給丈夫 Dan Weissmann。感謝你支持我的旅行和寫作計畫，感謝你明智的編輯建議，以及在所有事情上的支持。你和哈洛德是我生命中的明燈。

註釋

引言

1. Marc Prensky, "Digital Natives, Digital Immigrants Part 1", *On the Horizon,* Vol. 5 No. 9, 1–6,（October 2001）. http://www.marcprensky.com/writing/Prensky%20-%20Digital%20Natives,%20Digital%20Immigrants%20-%20Part1.pdf
2. Eszter Hargittai, "Digital Na（t）ives? Variation in Internet Skills and Uses Among Members of the "Net Generation"." *Sociological Inquiry* Vol. 80 Issue 1, 92–113.（February 2010）. http://www.webuse.org/pdf/Hargittai-DigitalNativesSI2010.pdf
3. Alexandra Samuel, "Parents: Reject Technology Shame," *Atlan-tic*, November 4, 2015, accessed February 1, 2016, http://www.theatlantic.com/technology/archive/2015/11/whyparentsshouldnt-feel-technology-shame/414163/.
4. Samuel, "Parents."

第 1 章　養育數位原住民

1. Sherry Turkle, *Alone Together: Why We Expect More from Technology and Less from Each*

Other（New York: Basic Books, 2012）.

2. Deborah Roffman, Interview with the author. January 12, 2016.

3. Cindy Pierce, *Sexploitation: Helping Kids Develop Healthy Sexuality in a Porn-Driven World*（Brookline, MA: Bibliomotion, 2015）, 38.

第2章　青少年的科技世界

1. James Damico and Mark Baildon, "Examining Ways Readers Engage with Websites During Think-Aloud Sessions," *Journal of Adolescent & Adult Literacy* 51, no. 3（2007）.

2. David Kleeman, "ISpy 2016: Five Things We're Keeping an Eye On," SlideShare, January 11, 2016, accessed February 01, 2016, http://www.slideshare.net/dubit/ispy-2016-five-things-were-keeping-an-eye-on.

3. *#Being13,* produced by Anderson Cooper, 2015.

4. Howard Gardner and Katie Davis, *The App Generation: How Today's Youth Navigate Identity, Intimacy, and Imagination in a Digital World*（New Haven: Yale University Press, 2013）, 130– 131.

第3章　數位素養的評估

1. Nichole Dobo, “Parents and Teachers Meet the ‘Wild West' When They Try to Find Quality Education Technology,” *The Hechinger Report*（2015）, accessed March 1, 2016. http://hechingerreport.org/parents-and-teachers-meet-the-wild-west-when-they-try-to-find-quality-education-technology/.

2. Alexandra Samuel, “Parents: Reject Technology Shame,” *Atlan-tic,* November 4, 2015, accessed February 1, 2016, http://www.theatlantic.com/technology/archive/2015/11/whyparentsshouldnt-feel-technology-shame/414163/.

3 .Ana Homayoun, “The Dark Side of Teen Sleepovers,” *Huffing-ton Post,* June 28, 2014, accessed February 01, 2016, http://www.huffingtonpost.com/ana-homayoun/the-dark-side-of-teen-sle_b_5223620.html.

第4章　當一個科技正向家長

1. Howard Gardner and Katie Davis, *The App Generation: How Today's Youth Navigate Identity, Intimacy, and Imagination in a Digital World*（New Haven: Yale University Press, 2013）.

2. Gardner and Davis, *The App Generation.*

3. Marina Bers, "Young Programmers—Think Playgrounds, Not Playpens," TEDx Jackson, November 15, 2015, http://www.tedxjackson.com/talks/young-programmers-think-playgrounds-not-playpens/.

4. Marina Umaschi Bers, *Designing Digital Experiences for Positive Youth Development: From Playpen to Playground.*（New York: Oxford University Press, 2012）, 29.

第5章　同理心作為一種應用程式

1. "When a School Has a Sexting Scandal," *Note to Self,* WNYC, accessed January 30, 2016, http://www.wnyc.org/story/why-care-about-sexting/.

2. Mathew Ingram, "Snooping on Your Kids: What I Learned About My Daughter, and How It Changed Our Relationship," *Gigaom*, August 8, 2013, accessed April 17 2015, http://gigaom.com/2013/08/08/Snooping-on-your-kids-what-i-learned-about-my-daughter-and-how-it-changed-our-relationship/.

3. Dan Szymborski, 2013, comment on Mathew Ingram, "Snoop-ing on Your Kids: What I Learned About My Daughter, and How It Changed Our Relationship."

4. Dannielle Owens-Reid and Kristin Russo, *This Is a Book for Parents of Gay Kids: A Question & Answer Guide to Everyday Life*（New York: Chronicle Books, 2015）.

5. Sherry Turkle, *Reclaiming Conversation: The Power of Talk in a Digi-tal Age*（New York: Penguin, 2015）, 115.

6. Turkle, *Reclaiming Conversation*, 116.

第6章　數位時代家庭生活

1. Jennifer Senior, *All Joy and No Fun: The Paradox of Modern Parent-hood*（New York: HarperCollins, 2015）, 223.

2. Sherry Turkle, *Reclaiming Conversation: The Power of Talk in a Digital Age*（New York: Penguin, 2015）, 117–119.

3. Sherry Turkle, *Alone Together: Why We Expect More from Technology and Less from Each Other*（New York: Basic Books, 2012）.

4. Susan Maushart, *The Winter of Our Disconnect: How Three Totally Wired Teenagers (and a Mother Who Slept with Her iPhone) Pulled the Plug on Their Technology and Lived to Tell the Tale.*（New York: Jeremy P. Tarcher/Penguin, 2011）.

5. Alexandra Samuel, "Creating a Family Social Media Policy," *Alexan-dra Samuel* blog, May 26, 2011, accessed January 31, 2016, http://alexandrasamuel.com/parenting/creating-a-

family-social-media-policy.

6. Lynn Schofield Clark, *The Parent App: Understanding Families in the Digital Age*（New York: Oxford University Press, 2013）, 32.

7. Mike Lanza, *Playborhood: Turn Your Neighborhood into a Place for Play*（Menlo Park, CA: Free Play Press, 2012）, 8.

8. Ron Lieber, *The Opposite of Spoiled: Raising Kids Who Are Grounded, Generous, and Smart About Money*（New York: Harper, 2015）40–41.

第7章　數位時代友誼與戀愛

1. Ira Glass, host, *This American Life,* transcript of episode 573: "Sta-tus Update," National Public Radio, November 27, 2015, accessed January 31, 2016, http://www.thisamericanlife.org/radio-archives/episode/573/status-update.

2. Glass, *This American Life*.

3. Amanda Lenhart, Monica Anderson, and Aaron Smith, "Teens, Technology and Romantic Relationships," Pew Research Center, October 1, 2015, accessed January 31, 2016, http://www.pewinternet.org/2015/10/01/teens-technology-and-romantic-relationships/.

4. Lenhart, Anderson, and Smith, “Teens, Technology and Romantic Relationships.”
5. Lenhart, Anderson, and Smith, “Teens, Technology and Romantic Relationships.”
6. Lenhart, Anderson, and Smith, “Teens, Technology and Romantic Relationships.”
7. Lenhart, Anderson, and Smith, “Teens, Technology and Romantic Relationships.”
8. Lenhart, Anderson, and Smith, “Teens, Technology and Romantic Relationships.”
9. Kate Fagan, “Madison Holleran's Friends Share Their Unfiltered Life Stories,” ESPN, May 15, 2015, accessed February 1, 2016, http://espn.go.com/espnw/athletes-life/article/12779819/madison -holleran-friends-share-their-unfiltered-life-stories.
10. Devorah Heitner, “Positive Approaches to Digital Citizenship,” Dis-covery Education, September 3, 2015, accessed February 1, 2016, http://blog.discoveryeducation.com/blog/2015/09/03/positive-approaches-to-digital-citizenship/.
11. Devorah Heitner, “Texting Trouble: When Minor Issues Become Major Problems,” *Raising Digital Natives*, 2014, accessed January 31, 2016. http://www.raisingdigitalnatives.com/texting-trouble/.
12. Devorah Heitner, “When Texting Goes Wrong,” The Family Online Safety Institute blog, June 10, 2014, accessed January 31, 2016, https://www.fosi.org/good-digital-parenting/

texting-goes-wrong-helping-kids-repair-resolve/.

13. Glass, *This American Life*.
14. Rachel Simmons, *Odd Girl Out: The Hidden Culture of Aggression in Girls*（New York: Harcourt, 2011）.
15. Monica Lewinsky, transcript of TED Talk, "The Price of Shame: Monica Lewinsky," March 2015, accessed January 31, 2016, https://www.ted.com/talks/monica_lewinsky_the_price_of_shame/transcript?language=en.

第8章　數位時代學校生活

1. "Cyberbalance in a Digital Culture," iKeepSafe, 2011– 2016, http://ikeepsafe.org/cyberbalance/.
2. "Cyberbalance in a Digital Culture," iKeepSafe.
3. Cathy Davidson, "The Myth of Monotasking," *Harvard Business Review,* November 23, 2011, accessed February 01, 2016, https://hbr.org/2011/11/the-myth-of-monotasking.
4. Nicholas G. Carr, *The Shallows: What the Internet Is Doing to Our Brains*（New York: W.W. Norton, 2010）.

5. Robinson Meyer, “To Remember a Lecture Better, Take Notes by Hand,” *Atlantic*, May 1, 2014, http://www.theatlantic.com/technology/archive/2014/05/to-remember-a-lecture-better-take-notes-by-and/361478/.

6. Lecia Bushak, “Why We Should All Start Reading Paper Books Again,” *Medical Daily*, January 11, 2015, accessed February 1, 2016, http://www.medicaldaily.com/e-books-are-damaging-your-health-why-we-should-all-start-reading-paper-books-again-317212.

7. Annie Murphy Paul, “You'll Never Learn,” *Slate*, May 3, 2013, accessed January 31, 2016, http://www.slate.com/articles/health_and_science/science/2013/05/multitasking_while_studying_divided_attention_and_technological_gadgets.html.

8. Alex Soojung-Kim Pang, *The Distraction Addiction: Getting the Information You Need and the Communication You Want, Without Enraging Your Family, Annoying Your Colleagues, and Destroying Your Soul*（New York: Little, Brown and Company, 2013）.

9. Pang, *The Distraction Addiction*.

10. Howard Gardner and Katie Davis, *The App Generation: How Today's Youth Navigate Identity, Intimacy, and Imagination in a Digital World*（New Haven: Yale University Press, 2013）.

第9章　在公共環境成長的課題

1. Ruby Karp, "I'm 15 and Snapchat Makes Me Feel Awful About Myself," *Mashable*, October 20, 2015, accessed April 21, 2016, http://mashable.com/2015/10/20/snapchat-teen-insecurity/#fTYTJpk065qj.
2. Karp, "I'm 15 and Snapchat Makes Me Feel Awful."
3. *Sexy Baby*, directed by Ronna Gradus and Jill Bauer, 2012.
4. Susannah Stern, telephone interview by author, January 22, 2016.
5. danah boyd, *It's Complicated: The Social Lives of Networked Teens*（New Haven: Yale University Press, 2015）.
6. boyd, *It's Complicated*.
7. Adam Wells, "PSU OL Coach Drops Recruit over Tweets," *Bleacher Report*, July 30, 2014, accessed January 31, 2016, http://bleacherreport.com/articles/2146596-penn-state-ol-coach-herb-hand-drops-recruit-over-social-media-actions?utm_source=cnn.com.

參考資料

- Bers, Marina Umaschi. *Designing Digital Experiences for Positive Youth Development: From Playpen to Playground.* New York: Oxford University Press, 2012.
- boyd, danah. *It's Complicated: The Social Lives of Networked Teens*. Yale University Press, 2015.
- Bushak, Lecia. "Why We Should All Start Reading Paper Books Again." *Medical Daily.* January 11, 2015. Accessed January 31, 2016. http://www.medicaldaily.com/e-books-are-damaging-your-health-why-we-should-all-start-reading-paper-books-again-317212.
- Carr, Nicholas G. *The Shallows: What the Internet Is Doing to Our Brains*. New York: W.W. Norton, 2010.
- Chua, Amy. *Battle Hymn of the Tiger Mother*. New York: Penguin Press, 2011.
- Clark, Lynn Schofield. *The Parent App: Understanding Families in the Digital Age*. New York: Oxford University Press, 2013.
- Damico, James, and Mark Baildon. "Examining Ways Readers Engage with Websites During Think-Aloud Sessions." *Journal of Adolescent & Adult Literacy* 51, no. 33（2007）: 254– 63.

- Davidson, Cathy. "The Myth of Monotasking." *Harvard Business Review,* November 23, 2011. Accessed January 31, 2016. https://hbr.org/2011/11/the-myth-of-monotasking.
- Fagan, Kate. "Madison Holleran's Friends Share Their Unfiltered Life Stories." ESPN, May 15, 2015. Accessed February 1, 2016. http://espn.go.com/espnw/athletes-life/article/12779819/madison-holleran-friends-share-their-unfiltered-life-stories.
- Gardner, Howard, and Katie Davis. *The App Generation: How Today's Youth Navigate Identity, Intimacy, and Imagination in a Digital World*. New Haven: Yale University Press, 2013.
- Glass, Ira. "This American Life 573: 'Status Update' Transcript." National Public Radio, November 27, 2015. January 31, 2016.
- Guernsey, Lisa, and Michael H. Levine. *Tap, Click, Read: Growing Readers in a World of Screens*. San Francisco: Jossey-Bass, 2015.
- Heitner, Devorah. "Positive Approaches to Digital Citizenship." Dis-covery Education, September 3, 2015. Accessed January 31, 2016. http://blog.discoveryeducation.com/blog/2015/09/03/positive-approaches-to-digital-citizenship/.
- ——. "Texting Trouble: When Minor Issues Become Major Problems." *Raising Digital*

Natives, 2014. Accessed January 31, 2016. http://www.raisingdigitalnatives.com/texting-trouble/.

- ——. "When Texting Goes Wrong: Helping Kids Repair and Resolve Issues." Family Online Safety Institute, June 10, 2014. Accessed January 31, 2016. https://www.fosi.org/good-digital-parenting/texting-goes-wrong-helping-kids-repair-resolve/#.
- Homayoun, Ana. "The Dark Side of Teen Sleepovers." *The Huff-ington Post*. June 28, 2014. Accessed February 01, 2016. http://www.huffingtonpost.com/ana-homayoun/the-dark-side-of-teen-sle_b_5223620.html.
- ——. *That Crumpled Paper Was Due Last Week: Helping Disorga-nized and Distracted Boys Succeed in School and Life*. New York: Penguin Group, 2010.
- Kleeman, David. "ISpy 2016: Five Things We're Keeping an Eye On." SlideShare, January 11, 2016. Accessed February 01, 2016. http://www.slideshare.net/dubit/ispy-2016-five-things-were-keeping-an-eye-on. ——. Telephone interview by author, January 18, 2016.
- Lanza, Mike. *Playborhood: Turn Your Neighborhood into a Place for Play*. Menlo Park, CA: Free Play Press, 2012.
- Lareau, Annette. *Unequal Childhoods: Class, Race, and Family Life*. Berkeley: University of

California Press, 2003.

- Lathram, Bonnie, Carri Schneider, and Tom Vander Ark. *Smart Parents: Parenting for Powerful Learning*. Elfrig Publishing, 2016.
- Lenhart, Amanda, Monica Anderson, and Aaron Smith. "Teens, Technology and Romantic Relationships." Pew Research Center, October 1, 2015. Accessed January 31, 2016.
- Lewinsky, Monica. Transcript of TED Talk, "The Price of Shame," March 2015. Accessed January 31, 2016. https://www.ted.com/talks/monica_lewinsky_the_price_of_shame/transcript?language=en.
- Lieber, Ron. *The Opposite of Spoiled: Raising Kids Who Are Grounded, Generous, and Smart About Money*. New York: Harper, 2015.
- Maushart, Susan. *The Winter of Our Disconnect: How Three Totally Wired Teenagers (and a Mother Who Slept with Her iPhone) Pulled the Plug on Their Technology and Lived to Tell the Tale*. New York: Jeremy P. Tarcher/Penguin, 2011.
- Meyer, Robinson. "To Remember a Lecture Better, Take Notes by Hand." *Atlantic*, May 1, 2014. http://www.theatlantic.com/technology/archive/2014/05/to-remember-a-lecture-better-take-notes-by-hand/361478/.

- Owens-Reid, Dannielle. *This Is a Book for Parents of Gay Kids: A Question & Answer Guide to Everyday Life.* New York: Chronicle Books, 2014.
- Pang, Alex Soojung-Kim. *The Distraction Addiction: Getting the Information You Need and the Communication You Want without Enraging Your Family, Annoying Your Colleagues, and Destroying Your Soul*. New York: Little, Brown and Company, 2013.
- Paul, Annie Murphy. "You'll Never Learn." *Slate*, May 3, 2013. Accessed January 31, 2016. http://www.slate.com/articles/health_and_science/science/2013/05/multitasking_while_studying_divided_attention_and_technological_gadgets.html.
- Pierce, Cindy. *Sexploitation: Helping Kids Develop Healthy Sexuality in a Porn-Driven World*. Brookline, MA: Bibliomotion, 2015.
- Roffman, Deborah M. *Talk to Me First: Everything You Need to Know to Become Your Kids' Go-to Person About Sex*. Boston: Da Capo Lifelong, 2012.
- ——. Telephone interview by author, January 20, 2016.
- Samuel, Alexandra. "Creating a Family Social Media Policy." *Alexandra Samuel* blog, May 26, 2011. Accessed January 31, 2016. http://alex-andrasamuel.com/parenting/creating-a-family-social-media-policy.

- ——. “Parents: Reject Technology Shame.” *The Atlantic,* November 4, 2015. Accessed February 01, 2016. http://www.theatlantic.com/technology/archive/2015/11/whyparentsshouldnt-feel-technology-shame/414163/.
- Seiter, Ellen. *Television and New Media Audiences*. Oxford: Clarendon Press, 1998.
- Senior, Jennifer. *All Joy and No Fun: The Paradox of Modern Parenthood.* New York: Harper Collins, 2015.
- *Sexy Baby*. Directed by Ronna Gradus and Jill Bauer. 2012.
- Simmons, Rachel. *Odd Girl Out: The Hidden Culture of Aggression in Girls*. New York: Harcourt, 2011.
- Stern, Susannah. Telephone interview by author. January 22, 2016.
- Turkle, Sherry. *Alone Together: Why We Expect More from Technology and Less from Each Other*. New York: Basic Books, 2012. Turkle, Sherry. *Reclaiming Conversation*. New York: Penguin Press, 2015.
- Wells, Adam. “PSU OL Coach Drops Recruit over Tweets.” **Bleacher** *Report,* July 30, 2014. Accessed January 31, 2016. http://bleacherreport.com/articles/2146596-penn-state-olcoach-herb -hand-drops-recruit-over-social-media-actions?utm _source=cnn.com.

什麼時候可以給孩子買手機？
第一本給E世代父母的青少年網路社交教戰手冊
Screenwise: Helping Kids Thrive (and Survive) in Their Digital World

作　　者：黛沃拉・海特納（Devorah Heitner）
譯　　者：林金源
社　　長：陳蕙慧
責任編輯：李嘉琪
封面設計：李東記
內頁排版：陳佩君
行銷企劃：傅士玲、尹子麟、姚立儷

讀書共和國集團社長：郭重興
發行人兼出版總監：曾大福
出　　版：木馬文化事業股份有限公司
發　　行：遠足文化事業股份有限公司
地　　址：231新北市新店區民權路108-2號9樓
電　　話：(02) 2218-1417
傳　　真：(02) 2218-1009
Email：service@bookrep.com.tw
郵撥帳號：19588272木馬文化事業股份有限公司
客服專線：0800221029
法律顧問：華洋國際專利商標事務所　蘇文生律師
印　　刷：呈靖彩藝有限公司
初　　版：2020年1月
定　　價：350元
ISBN：978-986-359-757-5
木馬臉書粉絲團：http://www.facebook.com/ecusbook
木馬部落格：http://blog.roodo.com/ecus2005

國家圖書館出版品預行編目

什麼時候可以給孩子買手機？/ 黛沃拉 . 海特納 (Devorah Heitner) 著 ; 林金源譯 . -- 一版 . -- 新北市 : 木馬文化出版 : 遠足文化發行 , 2020.01
面； 公分
譯 自 : Screenwise : helping kids thrive (and survive) in their digital world
ISBN 978-986-359-757-5(平裝)

1. 數位教養 2. 親職教育 3. 數位科技 4. 網路倫理

528.2 108021646